AL TORO POR LA CIENCIA

AL TORO POR LA CIENCIA

AGAINST BULL BY SCIENCE

RICARDO QUIT

Para pedidos de copias adicionales de este libro, por favor contacte con:
Palibrio
1663 Liberty Drive, Suite 200
Bloomington, IN 47403
Llamadas desde los EE.UU. 877.407.5847
Llamadas internacionales +1.812.671.9757
Fax: +1.812.355.1576
ventas@palibrio.com
356563

ÍNDICE / INDEX

PROLOGO

Irse con la capa al toro, no es para todos.

Permítanme iniciar esta intervención, que en principio busca ser una antesala para un lector ansioso previo a que se encamine por una cronología bovina hacia la ciencia, con un pasodoble, necesario antes de cada faena dominical. Mi amistad con el torero responsable de este texto es una consecuencia de nuestra terca obstinación de que otros se enamoren, o al menos entiendan, un poco o mucho de temas que seguramente no les importan y que, al menos algunos lo piensan así, no necesitamos entender para ser ciudadanos funcionales de la sociedad actual. ¿Qué para que me sirve SABER ciencia o tecnología, si ya todo lo inventable está inventado y lo descubrible, descubierto? ("descubrido" nos remontaría a las reglas gramaticales escolares, a las reglas metálicas correctoras del conocimiento y al tumbaburros regalado hace muchos lustros, todavía empacado en su cubierta de celofán colorido). Porque, al toro por el cuerno y al hombre por el verbo. Pero la comprensión pública de la ciencia, es decir, la *popularización* científica (que no es lo mismo que *divulgación*, lo que me llevaría a un debate interminable con el autor) no es la única parafilia de este toreador: lo es también el disfrute del lenguaje y sus recovecos, sus peculiaridades, sus formas de matizar o expresar conceptos, a veces complejos, a veces comunes, con raíces y vocablos que muchas veces presentan orígenes compartidos, historias paralelas y que se prestan a juegos de relación de palabras, muchas ocasiones tan obvios que es difícil percibirlos. Porque sí la vida –y por ende, el lenguaje, la ciencia y la tecnología- no tienen algo de arte y colorido, entonces habrá que interpretarlos dramatúrgicamente y pintarlos.

Pero como en toda relación amorosa, siempre hay desavenencias y discusiones. Que si un sillón deberá ocupar tal esquina o que si tal frase no ilustra apropiadamente la relación entre el instante temporal y el momento de la física clásica. Que si le echaste mucho cloruro de sodio a la sopa o mucho almidón al endospermo del grano de maíz. Y así, al final del día uno contempla lo creado juntos (literatura y ciencia): una colección de relatos breves que fascinan por el lenguaje y entretienen –que no también educan- por la ciencia que contienen. Tal y como la abuela lo hacía. Regresando a las crónicas de la pezuña, en estos textos compilados luego de un periplo de 4 años de movimientos de capota, de arreglarse la montera para lucir mejor las divisas y de señalar al picador el momento de intervenir en el ruedo, Ricardo ha dibujado una serie de historias que sin duda le han permitido salir por la puerta grande y poner un par de banderillas en el lomo de algún astado nacional de más o menos buena ralea. Y es que en esto de comunicar la ciencia, o tú matas al toro, o el toro te mata a ti, pues son muchos los que llaman al toro desde la barrera, pues hacen ciencia pero no la enfrentan ni la interpretan para el respetable. En otras palabras, no es lo mismo torear que ver los toros desde la barrera. Aunque también están quienes torean vacas diciendo que son novillos, lo que es otra forma de decir que en lo que respecta a la ciencia, ni la entienden ni la dan a entender; en otras palabras, son unos vulgares. Pero no es el caso de nuestro matador, que sabe escurrir el bulto y alborotar al tendido, pues se mueve con destreza tanto con la letra como con la filosofía.

Querido lector: disfrute la faena, que si hay reventa, hay buena entrada. Y quien con toros anda, a torear aprende. ¡Olé!

Miguel Ángel Méndez Rojas

FOREWORD

To face the bull with the flannel is not for everyone.

Let me begin this statement, which initially is intended to be a prelude for an eager reader before he gets underway a bovine chronology towards science, with a paso doble, required before each Sunday feast. My friendship with the bullfighter responsible for this text is a consequence of our stubborn obstinacy for others to fall in love, or at least understand a little or a lot of the issues that probably they do not care about and that, at least some of they think, they don't need those things to become functional citizens of the current society. So, why should I KNOW about science or technology, if everything that can be invented has alredy been invented, and everything that can be discovered, has already been discovered? ("uncovered" would lead us back to school grammar rules, metallic rulers that corrected knowledge and to the donkey toppler (N.T. colloquial name for a dictionary) that was given many decades ago, still packed in its colorful cellophane cover). Because, to the bull by the horns and to the man by the word. But public understanding of science, ie, scientific *popularization* (which is not the same as *divulgation*, which will lead me into an eternal debate with the author) is not the only paraphilia of this bullfighter: so is the enjoyment of language and crannies, his peculiarities, his ways of qualifying or express concepts, sometimes complex, sometimes common, with roots and words which often have shared origins, parallel stories that are appropiate to play with word associations, often so obvious that are difficult to perceive. Because if life itself -and therefore, language, science and technology- have not some art and color, then we must interpret them dramaturgically and we must give them colour.

But as in every fling, there are always disagreements and discussions. That if a chair should occupy that corner or that if such a phrase does not properly illustrates the relationship between the instant of time and the momentum of classical physics. That if you add lots of sodium chloride to the soup or too much starch to the endosperm of maize grain. By the end of day one contemplates what it was created together (literature and science): a collection of short stories that fascinate because of the language and entertain –if not too educate – because of the science they contain. Just like grandma did.

Back to the hoof chronicles, in these texts compiled after a periplus of 4 years of cape movement, of grooming his matador hat for the ranch rosette to look better and point the lancer when to intervene in the ring, Ricardo has drawn a series of stories that will certainly have helped him to come out through the front door and put a pair of banderillas on the back of a national horned from a more or less good breed. And is that in this matter of communicating science, either you kill the bull or the bull kills you, because there are the many who call the bull from the sidelines, because they do science but they do not face it or they do not interprete it to the respectable. In other words, it is not the same to be the bullfighter that watch the bull from the sideline. Although there are those who dare to bullfight with cows and claim that these are bulls, which is another way of saying that when it comes to science, they neither understand it nor they make it understandable, in other words, they are vulgar. But it is not the case with our matador, who knows how to face the endeavour and excite the front seat fans, as it moves deftly with both the letter and the philosophy.

Dear reader: enjoy the red flanneling, that if there is resale, there must be a good entry. The one who walks with bulls, learns how to bullfight. ¡Ole!

Miguel Angel Mendez Rojas

AL TORO POR LA CIENCIA

En el año de 2004, conocí a Miguel Ángel Méndez Rojas, por azares del destino y el gusto de la ciencia. En ese tiempo yo vivía con un pié en Xalapa, y el otro en los bachilleratos tecnológicos del estado de Veracruz, y no pude resistir la oferta de colaborar con el ALEPH ZERO, un boletín electrónico e impreso que me había presentado Alfredo Campos Enríquez, de la BUAP, y con quien compartí el gusto por la astronomía y las computadoras por ahí de 1999.

La primera idea que me vino a la mente fue que ALEPH fue la primera letra del alphabeto, parecida a nuestra letra A pero que 'de cabeza' disimula la de un toro; también me hizo pensar en el nombre del cardinal de los números naturales y advertí que mis iniciales "R y Q" enunciaban a los reales y los racionales; puestas las herramientas y ya que planeaba una columna de divulgación científica tenia que ligarlas a una frase cotidiana, del sentido común y así con el primer *nihilus obstat...* nació **Al Toro por la ciencia**.

Intentando tomar la ciencia por los cuernos de una manera común, racional, real y craneada, de la que se quedó el gusto por encontrar toritos en el desalucine sinestésico diario.

Against Bull by Science

It was the year 2004, when I met Miguel Angel Mendez Rojas, thanks to a twist of fate and a taste for science. At that time I lived with one foot in Xalapa, and the other in the technological high schools in the state of Veracruz, and I could not resist the offer to collaborate with ALEPH ZERO, an electronic and printed newsletter that I knew about thanks to Alfredo Campos Enriquez, from the BUAP, and with whom I have shared a love for astronomy and computers from 1999.

The first idea that came was that ALEPH was the first letter from the Alphabet, similar to our letter **A**, but 'headside down' seems like a bull, ALEPH also made me think about the name of the cardinal of the natural numbers and I noticed that my initial statements "R & Q" fits to actual and rational numbers. My tools were on the table and planning a popular science column linked to an everyday phrase and common sense, then arrived with the first *nihilus obstat...* **Against Bull by Science**.

Trying to take the science by the horns in an ordinary way, rational, real and brained, which taste remained to find some bully-brain teasers from the daily synesthetic return from hallucination.

PREMIO MÉXICO DE CIENCIA Y TECNOLOGÍA 2003

Entropía: En física es la medida termodinámica que permite evaluar la degradación de la energía en un sistema. En teoría de la comunicación es la incertidumbre de la naturaleza de un mensaje dentro de un conjunto de ellos.

De manera coloquial podemos generalizar la entropía, si pensamos en el desorden de nuestra recámara o habitación; o peor aún si pensamos en la forma en que se enredan las palabras de un político o en este caso de un divulgador.

Sin embargo quien sí es una autoridad para hablar y explicar de manera profesional lo que es la entropía, y procesos complejos de la mecánica estadística; relacionados al magnetismo, superconductividad, fractales y el caos; es el Dr. Constantino Tsallis, de origen griego y nacido en Brasil con estudios en casi todo el mundo. El martes pasado (22 de junio de 2004) recibió el premio México de Ciencia y Tecnología 2003.

Este premio nació con la idea principal de reconocer el trabajo de científicos de Iberoamérica y el Caribe a fin de convencerlos de invertir su capital humano en México. Dudo mucho que el Dr. Tsallis (quien él solito, por su trabajo, ha desencadenado foros, congresos y miles de referencias en publicaciones e investigaciones científicas en todo el mundo), vaya a decidir venirse a investigar-educar-formar en México sumándose como el miembro 10 mil 190 del Sistema Nacional de Investigadores SNI, y dejar con ello su posición como investigador titular del Centro Nacional de Pesquisas Físicas en Brasil. Pero seguro seguirá llevándose algunos de nuestros muchachos.

El premio ya había sido anunciado en el primer boletín del CCC en febrero de este 2004. Tsallis correspondió el gesto aludiendo a mexico como fuente de inspiración para su trabajo. Si están interesados en contactar al especialista en la mecánica estadística "no extensiva" (valga termino de generalización), imparte sus clases y asesorías en Rua Dr. Xavier Sigaud No.150 en Rio de Janeiro Brasil. Y hasta donde sé, solo tiene un alumno mexicano.

Durante el evento el presidente Fox aprovecho para echarle en cara, a la comunidad científica, los avances que ha desarrollado su administración; recordemos por ejemplo que a finales del año pasado había una queja por el recorte del presupuesto, que en este año la segunda reforma a la Ley Federal de Ciencia y Tecnología manifiesta que el 1% del PIB será para investigación; también el crecimiento del SNI y los fondos mixtos de investigación. Agradecio el trabajo de la Academia Mexicana de Ciencias en presencia del galardonado, Reyes Tamez, Jáime Parada, Adolfo Martínez y Octavio Paredes; de la SEP, CONACYT, Consejo Consultivo de Ciencias y la Academia Mexicana de Ciencias respectivamente.

Esperemos que los actuales 10mil 189 investigadores obtengan al menos un premio en el extranjero y que el dinero que pagamos/pagaremos con nuestros impuestos aplicado a la investigación científica, no solo sirva para hacer mas productos, caros o inalcanzables, de las empresas hospedadas en México, sino que también se proyecte en una mejor educación científica y tecnológica en todos los niveles. Por ahí ya están presentando las reformas a los planes de estudio y modelos para la educación tecnológica pero eso es harina de otro costal.

"Scaramouche, el maestro espadachín enseña: la espada en la mano es como un pájaro, si se la suelta demasiado se vuela, si se le aprieta demasiado se muere. Ciencia y tecnología de punta son así también. Si no se les apoya suficientemente, se evaporan; si se les orienta demasiado, se asfixian".

Julio 2 de 2004

MEXICO'S SCIENCE AND TECHNOLOGY PRIZE 2003

Entropy: In physics it is the termodynamic measurement that allows assessing the degradation of the energy in a system. In communication theory it is the uncertainty of the nature of a message within a set of them.

In a colloquial way we can generalize the entropy, if we think of the mess of our room or bedroom, or even worse if we consider the way the words of a polititian are tangled or in this case a popularizer.

Nevertheless one who certainly is an authority to discuss in a professional manner and explain what is entropy, and complex processes of statistical mechanics, related to magnetism, superconductivity, fractals and chaos is Dr. Constantino Tsallis, Ph.D., of Greek origin, born in Brazil with studies in most of the world. Last Tuesday (June 22, 2004) he was awarded Mexico's Science and Technology Prize 2003.

This award was created with the main idea of recognizing the work of scientists from Ibero-America and the

Caribbean in order to convince them to invest their human capital in Mexico. I very much doubt that Dr. Tsallis (who by himself, for his work, ultimately resulted in forums, conferences and thousands of references in publications and scientific research throughout the world) will decide to come to investigate-educate-train in Mexico, joining as a member number 10 thousand and 190 of the National Research System SNI, thereby leaving his position as researcher at the *Centro Brasileiro de Pesquisas Físicas* (Brazilian Research Center for Physics). But he will surely continue taking away some of our youngsters.

The award had been announced in the first newsletter from CCC in February 2004. Tsallis corresponded the distinction referring to Mexico as a source of inspiration for his work. If you are interested in contacting a specialist in statistical mechanics "not extensive" (forgive the term generalization), he teaches and gives advice at Rua Dr. Xavier Sigaud No.150 in Rio de Janeiro Brazil. And to my knowledge, he has just one Mexican student.

During the event, President Fox took the opportunity to upbraid the scientific community, talking about the progress that they have reached under his administration; let's remember for example that late last year there was a complaint about the budget cuts, this year the second reform to the Federal Act for Science and Technology stated that 1% of GDP will be for research, but also the growth of the SNI and joint research funds. Appreciating the work of the Mexican Academy of Sciences in presence of the winner, Reyes Tamez, Jaime Parada, Adolfo Martinez and Octavio Paredes from the Mexican

Ministry of Education, CONACYT, Science Advisory Council and the Mexican Academy of Sciences respectively.

Lets hope that the 10,189 current researchers will obtain an award abroad and that the money we paid /will pay with our taxes applied to scientific research, not only serves to make more products, expensive or unattainable, by companies hosted in Mexico but also bring a better education in science and technology at all levels. Somewhere they are already presenting the reforms to the curriculum and models for technology education, but that is another matter.

"Scaramouche, the master swordsman teaches: sword in hand is like a bird, if it is too loose it flies, if it is too tight it dies. The same applies to science and forefront technology. If they are not sufficiently supported, they evaporate, if they are too geared, they suffocate".

July 2, 2004

A DESENTERRAR OMBLIGOS

Decía mi abuela, que decían mis bisabuelos que decían sus abuelos que antes se decía, que al nacer un niño (o niña como anda de moda) se debía enterrar el ombligo para que cuando creciera, si se enfermaba, se le preparara una cura con el. ¿Recuerdan? Es posible, y seguramente, durante siglos se ha mal interpretado la frase, y eso de "enterrar" que debió haber estado en sentido figurado se refería a "guardar con extremo cuidado" y eso otro de "prepararle una cura", no significaba prepararle un tesito.

Mis padres por ejemplo hicieron caso y por ahí he visto nuestros ombligos corrugados un par de veces. Fue en junio 26 del 2000 cuando Francis Collins anunciara que se contaba con el primer borrador del genoma humano y que a mas tardar 2 años se tendría terminado; apenas el pasado 14 de abril, se completó este mapeo, desarrollado con capital publico y el de Celera Genomics. Al parecer éste último ha tomado mayores ventajas y dado aplicaciones comerciales como las súper sonadas reconstructoras de cartílagos, metabólicas rebajadoras de peso, y el quita acné, que tanto distingue a los Nerds

En este proceso hemos escuchado que el genoma humano esta siendo analizado, y por ahí alguien dijo que es en el ombligo donde al nacer, hay una mayor cantidad de células madre, y que dichas células madre podrán servirnos para corregir enfermedades como el cáncer o reponer algunos órganos de difícil trasplante. Este 19 de julio se firmó el decreto de creación del INMEGEN (Instituto Nacional de Medicina Genómica) tras una larga discusión para la aprobación por la cámara de diputados liderados por José Ángel Córdova presidente de la comisión de salud y el Dr. Gerardo Jiménez Sánchez, recién desempacado en México, ahora como director del consorcio promotor del INMEGEN (el décimoprimer instituto nacional de salud) compuesto por 4 flancos unidos. La UNAM, El CONACYT, La Secretaría de Salud y la Fundación Mexicana para la Salud.

Pero no se crean que empezaremos a clonar chivas, vacas o borregas; en realidad es una chamba pesada, considerando que oficialmente la medicina genómica dista de las practicas con ADN de seres que aún no existen, y que son cerca de 50 mil genes en los que hay que identificar cuáles son causantes de enfermedades y cuáles son los característicos del mexicano. Por supuesto no tiene mucho que ver con los chícharos de Mendel; las banditas y rectángulos de Rosalind Franklin, Frederick Wilkins, James Watson y demás famosos de la genética

Los resultados no podemos importarlos de Europa porque nuestro perfil genético es distinto; Y no solo es de gran ayuda a la salud del país sino que también es de gran daño, suponiendo que una vez terminado nuestro mapeo, el mejor postor en el mundo, podrá adquirir el perfil de las debilidades medicas del promedio de los mexicanos, creerlo o no, parecido a película de Tom Cruise, así será. Aún cuando también pueda ayudarnos a disminuir el asma, diabetes y la salud en general. Los resultados si podrán exportarse a países con perfiles genómicos similares, es decir a casi toda América latina.

Por último, esperemos que las comisiones de salud estén atentas antes de que el INMEGEN empiece a dar resultados o a dosificarnos con vacunas, medicamentos o remedios aparentemente contra todo y sin motivo, no descuidar que el hecho de que la iniciativa privada este involucrada permitirá extrañamente varios atropellos

Así que damas y caballeros, señoras y señores, a poner nuestra gotita de sangre o ¡a desenterrar ombligos!

Julio 23 de 2004

Digging up navels

My grandmother said that my great-grandparents said that their grandparents used to say, that on the birth of a boy (or girl as it is nowadays fashion) the navel should be buried so that when he grew up, if he get sick, a cure could be prepared with it. Remember? It is possible, and surely, over the centuries this phrase has been misinterpreted, and that of "to bury" it should have been figuratively referred to "to keep with extreme care" and that other thing of "prepare a cure," did not mean prepare a cup of tea.

My parents had heeded, as an example, then I have seen our corrugated navels a couple of times somewhere around. It was on June 26, 2000 when Francis Collins had announced that the first draft of human genome was available and no later than two years it would be completed; four years later in last April 14 the mapping was done, developed with public capital and other from Celera Genomics. Apparently the latter has taken greater benefits and produced some commercial applications such as super popular cartilage rebuilder, metabolic weight loss, and acne removers, a feature so distinctive of the Nerds.

In this process we have heard that the human genome is being analyzed, and that someone said that it is in the navel, where at birth there is a greater amount of stem cells and that these stem cells may serve to correct conditions such as cancer or replace some organs that are difficult to transplant. This July 19 it was signed the decree creating the INMEGEN (National Institute of Genomic Medicine) after a long discussion for approval by the House of Representatives led by Jose Angel Córdova chairman of the health commission and Dr. Gerardo Jimenez Sanchez, freshly unpacked in Mexico, now as director of the Consortium for the INMEGEN (the eleventh National Institute of Health) consisting of 4 united flanks. UNAM, CONACYT, the Ministry of Health and the Mexican Foundation for Health.

But do not think that we will begin to clone goats, cows or sheep, is actually a heavy job, considering that officially genomic medicine is far from the practice with the DNA of beings that do not yet exist and which are there are about 50 thousand genes to identify which ones are disease-causing and which are typical of the Mexican people. Of course this has not too much to do with Mendel's peas, the small bands and rectangles of Rosalind Franklin, Frederick Wilkins, James Watson and other celebrities of genetics.

The results cannot be imported from Europe because our genetic profile is different, and not only is of great help to the nation's health but also of great harm, assuming that once finished our mapping, the highest bidder in the world, may acquire the profile of medical weaknesses of average Mexicans, believe it or not, like a Tom Cruise movie, so it will be. Even though it also can help reduce asthma, diabetes and improve health in general. The results may be exported to countries with similar genomic profiles, namely almost whole Latin America.

Finally, we hope that health committees are alert before INMEGEN starts to yield results o begins to administer dose vaccines, drugs or remedies apparently against all diseases, and without reason; do not neglect the fact that the private enterprise is involved, and this strangely might allow several abuses.

So ladies and gentlemen, madams and misters, lets contribute our drop of blood or dig our navels!

July 23, 2004

Rescatando a Lord Kelvin

Hace un par de semanas de visita por el cine con muchas expectativas asistí a la proyección de "la vuelta al mundo en 80 días" con Jackie Chan; me habían dado muy buenas referencias sobre un giro más científico que le habían dado a la novela de Julio Verne. Sinceramente me sorprendí que alguien creyera que el 'Passepartuout' de Cantinflas pudiera ser superado por el astro de las acrobacias o que pudiera mejorarse el trabajo de Verne.

No tienen que adivinar, y lastima de producción de Disney porque ¡LA PELÍCULA NO ME GUSTO! Para quienes ya la hayan visto, sabrán a que me refiero, pues ahora cuando Phileas Fogg es un genio científico (punto a favor) y Passepartout es un fugitivo, ladrón, mayordomo, acróbata, ninja, monje asiático, perseguido por robar-recuperar un buda sonriente de jade (que es punto en contra); a Lord Kelvin lo presentan como un anciano caracterizado como si fuera Maxwell, que niega una postura algorítmica para rodear el mundo en 80 días, y al enviar oficiales del gobierno a matar, más que a demorar a Fogg en su travesía, nos da una película "huérfana" de cualquier defensa.

Lord Kelvin para los cuates, considerado el Patriarca de la Ciencia Moderna; en realidad llamado William Thomson para la familia y los vecinos, o "Barón William Thomson Lord Kelvin of Largs" nombrado por la reina, Victoria en 1892.

Fue presidente de la Real Academia de Ciencias de Londres 2 veces y 3 de la Real Academia de Ciencias de Edimburgo; fundador de la Sociedad Británica para el avance de la Ciencia. A los 24 años (1848) estableció su escala absoluta de temperatura, basada en la de Celsius, que a la fecha no ha sido refutada o sustituida como estándar para los cálculos científicos relativos a la termodinámica; poco antes de su muerte ideó un modelo atómico, también es fundador de la criogénia, el primero en calcular la energía de la superficie solar y a los 15 años ya había vislumbrado su "analizador armónico" en un ensayo "sobre la figura de la tierra".

De las peores partes de la película que puedo mencionar, es dónde Phileas Fogg perdido en el desierto de Estados Unidos, tal vez Carolina del norte, sin esperanzas para llegar a tiempo a Londres; conoce a un par de "arregladores" de bicicletas a quienes les corrige su diseño de planeador e incluso les enseña a fabricar uno, aludiendo a que el piloto puede controlar mejor la mecánica de un avión, contrario a lo que conocemos de los Hermanos Wright.

La película no tiene sentido histórico, la supuesta invención de los patines por Fogg; Kelvin fue presidente de la academia inglesa en 1890 y 1902, la reina Victoria murió en 1901, el primer vuelo con planeador de los Wright fue en 1900 y el propulsado fue en 1903 además "El pensador" de Rodín se llamaba "Dante" o "El poeta" antes de 1906.

Tal vez la más grande aportación de William Thomson a la ciencia sea la frase: "*...cuando puede medirse aquello de lo que se habla y expresarlo en números, ya se sabe algo sobre ello; pero cuando no puede medirse, cuando no puede expresarse en números su conocimiento es pobre e insatisfactorio...*". Esta le dio muchos enemigos y amigos ya que creó fama de desprestigiar a científicos que no tenían un fundamento matemático para sus teorías.

También este enunciado "súper erótico", como diría Domingo Mota, ha provocado más de una vez excitación al escuchar de porcentajes, probabilidades, índices, coeficientes, factores, proporciones y demás palabras que nos ebulle la sangre a más de 300° K, por supuesto por encima del cero absoluto, inhibidor de cualquier entropía.

Por último la anécdota, cuando platicando sobre la temperatura del sol, que es de unos 6 millones de grados, alguien pregunto si ¿Celsius o Kelvin?

Agosto 27 de 2004

SAVING LORD KELVIN

A couple of weeks ago when I attended to the cinema, with high expectations about "Around the World in 80 Days" with Jackie Chan, which people had given me good references about a more scientific twist that had been given to this Jules Verne novel. Frankly I was surprised that someone believed that the 'Passepartuout' performed by Cantinflas could be exceeded by the stunts star or the Verne´s work could be improved.

You don't have to guess, and it is really a pitty for Disney production because I DID NOT LIKE THE MOVIE! Those who already have seen it, will know what I mean, but now when Phileas Fogg is a scientific genius (which is a plus one) and Passepartout is a runaway +thief +butler +acrobat +ninja +asian monk, pursued because he steals/recovers a smiling jade Buddha (which is a minus one); Lord Kelvin is portrayed as an old man like Maxwell, who denies an algorithmic approach to encircle the world in 80 days, and sending government officials to kill, instead of delaying Fogg in his journey, gives us a son of a bit defense movie.

Lord Kelvin for the guys, considered the Patriarch of Modern Science, actually called William Thomson for family and neighbors, or "Lord William Thomson Baron Kelvin of Largs" appointed by Queen Victoria in 1892.

He was twice president of the Royal Academy of London and thrice of the Royal Academy of Edinburgh, founder of the British Society for the Advancement of Science. At age 24 (1848) established his absolute temperature scale, based by Celsius, which to date has not been refuted or replaced as the standard for scientific calculations on the thermodynamics; shortly before his death he devised an atomic model, also he founded the cryogenics studies and was the first to calculate the energy of the solar surface. at his 15 years old he had already envisioned his "harmonic analyzer" at "Essay on the figure of the Earth".

From the worst part in the movie what I can refer, is when Phileas Fogg is lost in the desert of the United States, perhaps North Carolina, and hopeless to arrive in time to London he meets two bicycle repairmen and Fogg corrects their glider design and even taught them how to make one, referring that a pilot has better mechanical control to drive an aircraft, contrary to what we know about the Wright Brothers.

The film has any sense of history, the assumption that Fogg invented the skates; Kelvin was president of the British Academy in 1890 and 1902, Queen Victoria died in 1901, the first flight of the Wright's glider was in 1900 and the powered one in 1903; also "The Thinker" by Rodin was named "Dante" or "Poet" before 1906.

Perhaps the greatest contribution William Thomson made to science is the phrase: *"...when you can measure what you are speaking about, and express it in numbers, you know something about it; but when you cannot measure it, when you cannot express it in numbers, your knowledge is of a meagre and unsatisfactory kind..."*. This gave him many enemies and friends as he earned a reputation for discrediting the scientists without a mathematical foundation for their theories.

This "super erotic" statement, as Domingo Mota would say, has provoked excitement more than once when listening about percentages, probabilities, indexes, factors, ratios, and other words that make blood boils up to more than 300° K, of course above absolute zero, inhibitor of any entropy.

The final anecdote: when talking about the temperature of the sun which is about 6 million degrees someone asked if Celsius or Kelvin?

August 27, 2004

LA CUCHARA QUE SE COME

Seguramente con tan solo leer el título sabrán que me refiero a "La Tortilla", proveniente del maíz, perteneciente en parte al cuadro básico de alimentación mexicana y que cumple, al menos, las funciones de envase, plato, cuchara y alimento.

Endémico: Se dice cuando algo es característico, nativo o de distribución única en un área limitada, lugar, región o país. No confundir con Endemia, que es una enfermedad característica que reina en una población o región determinada.

Por esto, podemos decir que la tortilla es un invento endémico mexicano. El IMPI, nunca otorgaría una patente por la invención de la tortilla, aún cuando muchos crean que la patente ya debe de tenerla un gringo o un chino, ya que la tortilla apenas calificaría como modelo de utilidad. Lo que si podríamos patentar es una maquina de tortillas, ¡Ha que buena idea se me ha ocurrido! lástima que demasiado tarde.

Seguramente, hace ya varios cientos de años, algún enemigo de Huehuetéotl, notó que toda o la mayoría de la población mexicana come tortillas y quien pudiera producirlas en "masa" se haría millonario. También alguno ha de haber hecho un viaje en barco al viejo continente para poder importar, ya con la revolución industrial, una maquina de tortillas de un país dónde ni siquiera las conocen. Se imaginan, para que siglos después mi madre me enviara por uno kilo de tortillas marca Schlinder, con "Doña Mari, la de las tortillas"

Recuerdo que mientras esperaba en la fila me maravillaba con la ingeniería de la tortilladora. Engranes, bandas, palancas, motores, cilindros, bujes, tuberías de gas, plataformas y flamas que convertían el interior de la tortillería en un infierno; la magia o mejor dicho la tecnología del cómo una maquina podía transformar el nixtamal en tortilla en tan solo unos minutos.

Cuenta Don Julio Guzmán que en 1884 se otorgaron las 2 primeras patentes de "Cilindros laminadores de masa", que daban hasta 15 tortillas por minuto, supongo que ahí nació *"la fila"* y frases como *"...a la cola..."* Al parecer entre 1903 y 1910 se registraron 78 patentes de maquinas tortilladoras de todos tipos, incluso con locomoción a petróleo que seguramente no daban buen sabor a la tortilla.

'...Las tortilladoras Celorio, aparecieron en 1940, pero no fue hasta que el poblano Enrique Benítez Reyes en 1960, concluyo la tarea que casi llevara a la quiebra a su padre el industrial Ramón Benítez, construyendo una Maquina tortilladora compuesta, es decir: con molino, cortadora por cilindros y comal automatizado que produjera hasta 50 tortillas de 16 centímetros, por minuto...' Es natural que este invento se considere poblano, estando tan cerca de Tlaxcala.

Las últimas semanas me he dado a la tarea de encontrar a los descendientes de dichos poblanos. Sin contar a los Rendón, no los he hallado - tal vez sea y espero - por que ya han expandido su negocio a las capitales mexicanas del mundo, llámense Los ángeles o Nueva York.

Noviembre 26 de 2004

THE SPOON-FOOD

Surely with just reading the title will know that I am referring to the "Tortilla", from corn, belonging to the core of Mexican diet and meets at least the functions of packaging, plate, spoon and food.

Endemism: It is said when something is typical, native or distributed only in a limited area, place, region or country. Not to confuse with Endemics, a prevailing characteristic disease in a population or region.

Therefore, we can say that the tortilla is a Mexican endemism invention. The Mexican Institute for Industrial Property(IMPI) would never grant a patent for the invention of the tortilla, even though many believe that the patent was already granted to a US citizen or a Chinese, as tortillas can just qualify as a utility model. But we could patent a tortilla machine a "Tortillmaker" Oh, what a good idea has just occurred to me! Too bad, too late.

Certainly, some hundred years ago, an enemy of Huehueteotl, noticed that all or most of the Mexican population eats tortillas and that the one who can produce them in "mass" would be a millionaire. Probably someone must have embarked to Europe to import, with the industrial revolution, a "tortillmaker" in a country where it was not even known. Imagine, centuries later my mom sending me to buy a kilo of tortillas - Schindler brand - from "Doña Marí, la de las tortillas" (Mrs. Mary, the one who sells the tortillas).

I remember waiting in line, marveled with the engineering of a Tortillmaker. Gears, belts, levers, motors, cylinders, bushings, gas pipelines, platforms and flares that transformed the tortilla-store indoors into a hell; magic, or rather the technology of how a machine could transform the nixtamal (corn paste mixture) into tortillas in just minutes.

Don Julio Guzman tells about 1884 when were granted the first two patents for "rolling mass cylinders", which yielded up to 15 tortillas per minute, I guess this was when *"la fila"* (the line) was born beside phrases like *"...a la cola ...."* (go to the end of the line). Apparently 78 patents of tortilla machines of all kinds were granted between 1903 and 1910, even by petroleum locomotion which certainly brought a bad flavor.

"...The tortilla machines Celorio's brand, appeared in 1940, but until 1960 the poblano1 Enrique Benitez Reyes, concluded the construction of a complex tortilla machine, compounded by mill, cylindric cutter and automatic griddle to produce up to 50 tortillas per minute, 6 inch long each. This challenge was nearly to put his father Ramon Benitez on bankrupcy..." It is natural that this invention is considered poblano, being Tlaxcala (Mexican state wich means "place of tortillas") so near.

The last few weeks I have undertaken the task of finding the descendants of those poblanos. Without considering the Rendon family, I have not found them - it may be and I hope so- that they have expanded their business to the Mexican capitals in the world, whether they are called Los Angeles or New York.

November 26, 2004

Buscando a los Enanitos Verdes

El pasado 15 de julio la Dr. Jocelyn Susan Bell-Burnell, cumplió la edad de 61 años, el año pasado, tuve la oportunidad de conocerla en la Feria Internacional de Ciencias e Ingenierías de Intel, a leguas se notaba su rechazo por los hombres, ignoraba sus preguntas y denotaba exagerada admiración por las señoritas. Incluso no facilitaba que un hombre se fotografiase junto a ella. Y más de una vez comento que ella había logrado lo que ningún otro científico en esa sala "ser madre".

Su historia se remonta al primero de julio de 1967, cuando ella una joven estudiante de astronomía a la edad de 24 años, desde los 22 dedicada a construir su primer radio telescopio, daba la noticia de haber descubierto un pulsar y ver con desanimo, como al paso de los días, a su profesor Antony Hewish le valiera el premio Nóbel.

Hoy en día (o a mas tardar el primero de enero de 2005) para un estudiante de astrofísica que vive en el estado de Puebla México, será relativamente fácil acceder a un radio telescopio y poder continuar con su investigación científica; No solo investigando radiación en el orden de los metros como Jocelyne, sino que también, en el de los milímetros; recuerden que para 1967, los estudiantes tenían que construir su propio radiotelescopio.

En esos días, nuestra amiga, descubrió que un punto fijo en la esfera celeste emitía pulsaciones periódicas cada 1337 milisegundos, un poco frustrada reaccionó cómo si hubiera un error en el radiotelescopio y estaba sintonizando un satélite terrestre o algún aparato en la tierra, sin embargo la cosquilla nació dentro de ella y pronto sería su cumpleaños 24, por lo que podría esperar para hacer sus conjeturas y dar la gran sorpresa.

La conclusión fue sencilla, "Tenia que ser una señal inteligente" era muy precisa e increíblemente rápida para ser una estrella, por lo que seguramente estaba sintonizando un Sonar o Radio-Faro de seres extraterrestres. Por lo que llamó a este primer objeto LGM-1 Little Green Men 1 (Hombrecitos Verdes 1) y se decidió a presentar su hallazgo. Seguramente no pudo dormir esos 15 días, la posibilidad de encontrar vida inteligente a los 23-24 años y trascender en la historia. Cuando era niña soñaba con ser una gran astrónoma como los que trabajaban en el Observatiorio de Armagh construido por su padre.

Su teoría fue rechazada, sin embargo Hewish ofreció hacer las revisiones para aclarar el misterio, lo que le valió el premio Nóbel de Física en 1974. Jocelyne y Sir Fred Hoyle alegan que el comité del premio Nóbel fue machista, sinceramente es poco probable ya que muchos años atrás Marie Curie y su hija fueron galardonadas Nóbel. La lucha feminista de Jocelyne se iguala a su carrera como astrónoma, tan fácil como que conserva en gran medida su apellido de soltera, anexado al de su marido: Bell-Burnell.

Su historia podría parecerse a aquella de escribiera Carl Sagan y fuera llevada al Cine como "Contacto". El LGM1 ahora es el CP 1919-1 (Cambridge Pulsar). Su demostración inicial no solo decía entre líneas, si no que en realidad lo decía: "creo haber encontrado prueba irrefutable de la existencia de vida extraterrestre". Como lo comentara el maestro Miguel Ángel Herrera, en sus múltiples conferencias, hoy heredadas a Julieta Fierro, 'a pesar de que los gobiernos invierten miles o millones de dólares al año buscando vida extraterrestre, dicha actividad (buscar extraterrestres) aún no se cataloga como un hecho científico'.

Viernes, Abril 29 de 2005

LOOKING FOR
THE LITTLE GREEN MEN

Last July 15th Ph.D. Jocelyn Susan Bell-Burnell turned 61 years old, last year I had the opportunity to meet her at the International Science and Engineering Fair of Intel, from a mile away you could see her rejection to men, ignoring their questions and denoting an exaggerated admiration for the ladies. Even she did not make it easy for a man to be photographed with her. And more than once commented that she had achieved what no other scientist in the room "being a mother.".

Her story goes back to the first day of July 1967, when she was a young astronomy student at the age of 24 years - dedicated since she was 22 to build her first radiotelescope- then the notice she had discovered a pulsar and see, as the days went by, to her Professor Anthony Hewish being Nobel laureate.

Nowadays (or as the latest the first of January 2005) for an astrophysics student who lives in the state of Puebla, Mexico, will be relatively easy to have access to a radiotelescope and continue his scientific research; not only in radiation research in the meters magnitude as Jocelyne did, but also in the millimeters; remember by 1967 students had to build their own radio telescope.

In those days, our lady friend found that a fixed point on the celestial sphere was emitting periodic pulses every 1337 milliseconds, a little frustrated she first reacted as an error in the radiotelescope wich perhaps tunned a satcom or a device on earth, however the itch had aroused and soon it would be her 24th birthday, so she could wait to make her assumptions and give the big surprise.

The conclusion was simple, "It had to be an intelligent signal" it was very accurate and incredibly fast to be a star, so it was probably tuned to a sonar or radio lighthouse from alien beings. So she called this first object LGM-1 Little Green Men 1 and decided to show her findings. Surely she could not sleep for those 15 days, the possibility of finding intelligent life at the age of 23-24, and trascend history. As a child, she dreamed of being a great astronomer as those working in Armagh Observatory built by her father.

Her theory was rejected, however Hewish offered to make revisions to clarify the mystery, which earned him the Nobel Prize for Physics in 1974. Jocelyne and Sir Fred Hoyle argue that the Nobel Committee was sexist. I doubt because many years ago Marie Curie and her daughter were awarded the Nobel The feminist activism of Jocelyne equals her career as an astronomer, as easy as she retains her maiden name, attached to her husband's one, Bell-Burnell.

Her story could resemble the one written by Carl Sagan, that was taken to the cinema as "Contact". The LGM1 is now the CP 1919-1 (Cambridge Pulsar). Her initial demonstration not only said between the lines, but indeed she said so, '*I believe we have found irrefutable proof of the existence of outer life*'. As Master Miguel Ángel Herrera commented in his many conferences, now inherited to Julieta Fierro, '*despite the fact that governments spend thousands or millions of dollars a year searching for extraterrestrial life, such activity (search for aliens) is not yet catalogued as a scientific fact*'.

Friday, April 29, 2005

Divulgación científica Vs Popularización de la ciencia

En octubre de 1979, LA UNAM fue sede del 3er congreso latinoamericano de periodismo científico, al menos para esa época yo ya había nacido. Y según la memoria la gente no discutía mucho acerca de lo que era la divulgación de la ciencia, a diferencia de hoy en día. Mi impresión es que así debió permanecer mientras se mantuvo vivo Charles Snow para defender su propuesta y petición de "Las dos culturas y un segundo enfoque". En México la SOMEDICYT existe oficialmente desde 1987, sucesora de la sociedad mexicana de periodismo científico comandada por Javier Vega Cisneros.

Considerando que: Divulgar es la acción de propagar, publicar o extender al vulgo alguna cosa y Popularizar es hacer que algo se convierta del pueblo, como colectividad, y diferenciando ambas de vulgarizar que es hacer vulgar o poco refinado algo. Vulgar esta contrapuesto a lo científico y técnico. Atención los 3 son verbos transitivos por lo que podrían significar lo contrario según el contexto por su exigencia no optativa de complementación.

La discusión debió empezar, tras descubrir que era necesario complementar los programas y planes de estudio oficiales con actividades extraescolares con la pregunta ¿quién debe hacer estas actividades complementarias educativas? Seguramente los científicos alzaron la mano con respecto a la ciencia, los humanistas con respecto a las humanidades, los artistas con respecto a las artes y así cada uno hasta dejar de lado a los responsables de los medios masivos de comunicación. Los argumentos principales es que no se quería que se deformara la información debido a que debía ser un complemento educativo. Cómo era de esperarse los periodistas con poca formación científica tergiversaban la información dada por los científicos, a defensa de que el publico no los entendería. Es decir Vulgarizaban la ciencia.

Luego de varios años se termino por obviar la discusión sobre el término que nombraría la actividad de corregir la deficiencia educativa y se decreto un clásico argumento de que si se llegaba a preguntar la respuesta ideal sería, "no nos vamos a poner de acuerdo nunca". Evitando mayores confrontaciones, incluso el averiguar el significado de las mismas palabras. Al grado que reconocidos divulgadores mexicanos como Jorge Flores, han declarado que no existe el divulgador de la ciencia.

Hoy en día son tan diversas las actividades de promoción científica (pro-científicas), que a mi parecer, la mayoría rayan la popularización de la ciencia, es decir se realizan en las grandes ciudades, dentro de las universidades, en órganos colegiados o auditorios académicos, en Internet, programas de radio, televisión, los periódicos y libros. Puedes comprar un VHS, DVD, o CD incluso casetes de ciencia. ¿Acaso no hay algo más POP que eso? Como si el vulgo tuviera televisión en cada habitación, junto a su computadora con banda ancha, el poder adquisitivo para todos esos medios audiovisuales o tan siquiera para comprar el periódico por gusto.

Supongamos, como sucede en la fayuca, que todos los discos de música de cualquier género tuviera el mismo precio, resultaría entonces lo mismo que sucede cuando tienen distintos precios. El mercado del vulgo vendería mas unidades (por ejemplo al menos 14 discos de oro de los Tigres del Norte contra unos cuantos de platino de Paulina Rubio). El punto es: somos más los miembros del vulgo deseosos de tener, que los miembros del populacho acostumbrados a tener; en otras palabras no es suficiente, aún que bien ayuda, hacer Popularización de la ciencia.

Años mas tarde, en la actualidad los científicos aspiran a llegar a ser unos "super-divulgadores de la ciencia" considerándolo un concurso de popularidad científica y aceptación social. Por ejemplo el caso de Julieta Fierro que ha disfrutado de su compensación como miembro del Sistema Nacional de Investigadores al hacer Popularización/divulgación. ¿Pero que es esto de la divulgación en ese nivel?.

Tal parecería que hacer "divulgación" de la ciencia es mas un fenómeno pop, es decir imagínense que la escuela de personalidad de Conchita López, ofreciera el curso de divulgación científica para científicos, que debería de diferenciarse totalmente del mismo curso pero en la modalidad para periodistas o para políticos. Entonces decía, en la escuela de personalidad, se ofrecerían entre otras, las materias:

- Cómo conversar con el tele-auditorio I, para cuando estas participando como científica en el más actual programa de comentarios sobre las olimpiadas.
- Cómo lucir como si fueras científico, aún cuando estés utilizando lentes de utilería,
- Y mejor aún las poses para salir bien en la foto, o sonreír a cada momento en vez de llorar por que el Interlocutor no esta entendiendo nada de lo que le dices.

El verdadero divulgador de la ciencia, no importando su origen científico o humanista, debería de estar mas consiente de la educación real de su público el vulgo, llegar dónde los medios no lo hacen, dónde no hay señales de televisión o radio, y evitar que la brecha del conocimiento entre los populares y el vulgo crezca, ya sin mencionar las diferencias con la clase científica.

En esta extraña mezcla aparecen distintos jugadores, desde personajes cuya formación desde el inicio fue dedicada a la divulgación de la ciencia hasta profesionistas frustrados en el área de las ciencias que tienen que hacerlas de periodistas científicos por que en ese momento eran los únicos que entendían del caso, por ejemplo en Puebla hace unos años (casi 15) un comentarista deportivo de la televisión, mientras conducía un programa de debates de media noche, salto a la fama por grabar un ovni en la azotea de su televisora, sorpresa el saber que tenia una carrera trunca en computación, que diablos esta pasando aquí, digo yo.

Por último considerando que fueran solo 3 funciones de los medios de comunicación, el entretener, informar y educar; a la divulgación científica le correspondería brindar una formación inicial complementaria en cuanto a conceptos de ciencia, además de los de lectura, escritura y desarrollo del pensamiento.

Sin embargo apenas si le queda la camisa para entretener y poder comentar en sobremesa las maravillas de una mancha solar o la creación de un nuevo teléfono móvil IP. Y aún cuando el planeta entero es una exposición permanente de ciencia y tecnología, los museos son interactivos, las escuelas llegan al escritorio de los hogares y las oficinas, tal parece que esta vida nos hace menos concientes de la realidad, bastándonos con sentarse a ver la televisión todo el domingo, sin siquiera preguntarnos cómo le hacen para que una telefonista pueda hacer un cargo a una tarjeta de crédito al solicitar la final de fútbol en pago por evento para el sistema de televisión satelital contratado, o en el paupérrimo de los casos, siquiera pensar cómo es que nos llega la voz del comentarista a nuestro radio de baterías en el buró junto a nuestra silla dominguera.

Viernes, Mayo 27 de 2005

Scientific divulgation Vs
Science popularization

In October 1979, UNAM hosted the 3rd Latin American Congress of Science Journalism, at least I was already born by that time. And according to memory, people did not discuss much about what was it the divulgation of science, unlike today. I guess that was left while Charles Snow was alive to defend their proposal and petition for "The two cultures and a second look".

In Mexico, SOMEDICYT officially exists since 1987, as the successor to the Mexican Society for Science Journalism led by Javier Vega Cisneros.

Considering that: Divulgation is the action to spread, publish or extend something to the common people and Popularize is to make something becomes the people´s property as a collectivity, and differentiating both terms from vulgarizing, which is it is to make that something to be vulgar or less refined. Vulgar is opposed to the scientific and technical. Note that the 3 verbs in spanish are transitive verbs and thus they might mean the opposite according to the context by their complementary non-elective requirement

The discussion should have begun after discovering about the need to complement the official programs and curricula of school activities, with the question: who should realize these educational supplementary activities? No doubt the scientists raised their hands concerning science, the humanitarians for the humanities, the artists to arts, and so each one, until they left aside the responsibles for the mass media. The main arguments are that they did not wanted to distort the information because it should be an educational complement. As expected with journalists with little training, they distort scientific information provided by scientists, claming that the public would not understand. So to say, they Vulgarized Science.

After several years that ended in an obviate discussion regarding the term appointed to refer to the activity of correcting the educational gap and a classic argument was decreed: If the question ever arises, the ideal answer would be, "we will never reach an agreement on that issue." Avoiding major confrontations, even to figure out the meaning of these words. To the extent that popular mexican Divulgators like Jorge Flores, have declared that the science divulgator does not exist.

Today there are so many different scientific advocacy activities (pro-scientific), which in my opinion, most scratch the popularization of science, that is, they are performed in large cities, within universities, corporate bodies or academic auditoriums, Internet, radio, television, newspapers and books. You can buy a VHS, DVD, CD or even cassette about Science. Is there not something more POP than that? As if the populace has a TV in each room, next to their computer with broadband, the purchasing power for all those media or even buy the newspaper just for fun.

Let's assume, as it happens in the fayuca (smuggling store) where all the music albums of any genre have the same price, then the same result will happen when you have different prices. The common people market would sell more units (eg at least 14 gold records from Los Tigres del Norte against a few platinum from Paulina Rubio). The point is: we are more the members of the crowd eager to have, than the members of the populace accustomed to have; in other words popularize science is not enough, even though it well helps.

Years later, scientists now hope to become "super-divulgators of science" considering it as a scientific popularity and social acceptance contest. For example there it is Julieta Fierro's case, she has enjoyed his compensation as a member of the National System of Researchers doing Popularization / Divulgation. But what is it divulgation at this level?

It would seem that realizing "divulgation" of Science is more of a pop phenomenon; that is, imagine that Conchita Lopez' School of Personality offers the course on Scientific Divulgation for Scientists, which should totally differentiates from the same course but in the mode for journalists or politicians. So, I was saying, the school of personality, would offer among other subjects:

- How to address to the viewing audience 101, for those occasions when you're participating as Scientist on the most current talk show on the Olympics.

- How to look like if you were a scientist, even when you are wearing props instead of real lenses,
- And best of allearn how to pose still, so you can look really good in the photo, or to smile every time, instead of crying because the anchorman does not understand a thing of what you are saying.

The real Science divulgator, regardless of their scientific or humanist origin, should be more aware of the real education of their public- the common people,- to reach where the media did not reach, where there is no television or radio signals and prevent the knowledge gap between the common people and the populace to grow, not to mention the differences with the scientific establishment.

In this strange mixture different players appear, from characters whose formation from the beginning was dedicated to the divulgation of science to professionals frustrated in the scientific field that have to act as science journalists because at that time they were the only ones who can understand the case. For example in Puebla a few years ago (almost 15) a television sports presenter, while a midnight debate show, jump to fame just by shooting a UFO from the tv station's roof, it was a surprise to learn that he had a truncated career in computing, what the hell is going on here?, I say.

Finally, considering that there are only 3 functions of mass communication: to entertain, to inform and to educate; the function of providing complementary initial training in science concepts, in addition to reading, writing and the development of thinking, correspond to scientific divulgation.

However for the body of scientific divulgation, the shirt barely fits to entertain, and to be able to comment after dinning about the sunspots or the invention of a new smartphone. And eventhough that the entire planet is a permanent exhibition of science and technology, museums are interactive, schools reach the desk of the homes and offices, it seems that this life makes us less aware of reality, providing just a seat to watch TV all day Sunday without even asking how is it possible for a phone operator to make a charge on a credit card to request the football final on pay per view on the satellite television system, or in the worst cases, even to think how the voice of the presenter reaches our battery-powered radio on the nightstand next to our easychair for Sundays.

Friday, May 27, 2005

VACATIONS ON HAWAII
(HOW – WHY)

Hawaii and science have many things to do together, thinking about Hawaii, will remembered us many histories. Faraway from war, Pearl Harbor and the historic day on December 7 in 1941; Hawaii means the house of a volcano named Makuna Kea, and there is sited one of the most important places to study astronomy.

On volcano's top, more than 4 thousand meters over the coast, there is working the UKIRT (United Kingdom InfraRed Telescope) with 3.8 meters of diameter, which comes forth in 1979; before most of astronomers who working there were born.

Makuna Kea is also house of KECK telescope; a diameter of 10 meters makes it one of the biggest telescopes on earth.

For those who have lived on Florida, going to Hawaii for vacations has no sense, but in 1969, one cosmonaut and two astronauts from Florida; Collins, Aldrin and Armstrong landed on Hawaii's coast; after travelled around the world and walked on moon, making history and science. Five years later there on Hawaii Charles Lindbergh dies, he was famous by "The spirit of Sant Louis" a plane where he crossed the Atlantic sea. I think he has a lot of Atlantic through his live and therefore he preferred to die on Pacific. You know it is not pacific, deem what was thinking Magallanes when he named it. By the way, Hawaii has other death related of discovers and science, in 1778 James Cook was murdered after discover the island.

When I hear Hawaii it also sounds like a sentence from a tv-performer in México tuesday nights: "ja-güey", when you see him you will think he has arthritis on his shoulders; Also Hawaii reminds me "6w", questions with W that every time we use: What, Who, When, Where and of course HOW and WHY.

How-why; the two questions most important in science, the "What" it's evidence made by senses, many people names it observation or perception; "Who" at the end time never will remember, did you remember who invented the microprocessor? Same thing about "When and Where?" however persons will try to remember it to you. It was Ted Hoff in 1971, US.

Not other words comparable to "How and Why" has rouse too nappy in scientist. No one indicator, coefficient, frequency, value, percentage has bring too insomnia to science like this questions. Explain paradigms or phenomena in science must to be in any time and made by any one.

"How" it's simple; it is indicated on our method, on our process. And followed from method becomes "Why", to help the world, to make money, to satisfy a curiosity from childhood, to be famous, and more excuses just for living on High-way.

Thinking about Hawaii, I would prefer live near, on Nauru, may be the smallest country on earth, but wherever I live my brain will always been on How-Why.

November 15, 2005

VACACIONES EN HAWAI
(HOW – WHY)

Hawaii y la ciencia tienen muchas cosas en común; pensar en Hawai nos hace recordar muchas historias. Lejana a la guerra, Pear Harbor y el histórico día del 7 de Diciembre de 1941; Hawai es el hogar de un volcán llamado Makuna Kea, y ahí se encuentra uno de los lugares más importantes para el estudio de la Astronomía

En lo alto del volcán, más de 4 mil metros sobre el nivel del mar, se encuentra trabajando el UKIRT (United Kingdom InfraRed Telescope, Telescopio Infrarrojo del Reino Unido) de 3.8 metros de diámetro, el cuál se construyó en 1979: mucho antes de que la mayoría de los astrónomos que ahí trabajan hoy hubieran nacido. Makuna Kea alberga también al telescopio KECK, cuyo diámetro de 10 metros lo hace uno de los telescopios más grandes del planeta.

Para aquellos que han vivido en Florida, ir de vacaciones a Hawai no tiene sentido, pero en 1969, un cosmonauta y dos astronautas de Florida, Collins, Aldrin y Armstrong, aterrizaron en las costas de Hawaii, luego de viajar alrededor del mundo y caminar sobre la Luna, haciendo historia y ciencia. Cinco años después, ahí en Hawaii, murió Charles Lindbergh, famoso por "El espíritu de San Luis", un aeroplano con el qué cruzó el Océano Atlántico. Pienso que tuvo suficiente Atlantico para el resto de su vida, así que prefirió morir en el Pacífico. Aunque sabemos que no es tan pacífico, quien sabe que pensaba Magallanes cuando lo nombró. Por cierto, Hawai tiene otro muertito relacionado a descubrimientos y ciencia; en 1778, James Cook fue asesinado después de descubrir la isla.

Cuando escucho la palabra "Hawai", me suena como una frase de un conductor televisivo mexicano de los martes por la noche, que cuando lo ves piensas que tiene artritis en sus hombros: "Ja-güey". También Hawai me recuerda las "preguntas de las 6 W", preguntas con W que empleamos constantemente: What, Who, When, Where y por supuesto HOW and WHY (N. del T. preguntas del periodismo, que en lengua inglesa se conocen así y equivalen en castellano a Qué, Quién, Cuándo, Dónde, Cómo y Por qué).

How-why (Como y por qué); las dos preguntas mas importantes en la ciencia, el "What" (Qué) es la evidencia que nos aportan los sentidos, mucha gente la considera observación o percepción; "Who" (Quién), al final de la historia nunca es recordado ¿recuerdas el nombre de la persona que inventó el microprocesador?). Lo mismo acerca del "When" (Cuando) y el "Where" (Donde), aunque algunas personas intentarán recordártelo (Fue Ted Hoff, en 1971, en Estados Unidos de América).

No hay palabras que como "How" y "Why" (Cómo y Porqué) mantengan despiertos a tantos científicos adormilados. Ningún indicador, coeficiente, frecuencia, valor o porcentaje ha provocado tantos desvelos a la ciencia como estas preguntas. Explicar paradigmas o fenómenos en ciencia, debe ocurrir en cualquier momento y ser efectuado por cualquiera.

El "How" (Como) es simple; está determinado por nuestro método, por nuestro proceso. E inmediatamente al método le sigue el "Why" (Por qué): para ayudar al mundo, para hacer dinero, para satisfacer la curiosidad que teníamos desde la infancia, para ser famosos, y muchas más excusas sólo por vivir en High-way.

Pensando en Hawai, preferiría vivir cerca, en Nauru, quizá el país más pequeño en la Tierra, pero donde quiera que viviera, mi mente siempre estaría en How-Why.

Noviembre 15 de 2005

CON LOS PIES EN LA TIERRA

Además de las compañas políticas y del campeonato mundial de fútbol para nublar un poco la orientación vocacional de nuestros jóvenes en México, las próximas semanas la imaginación y las aspiraciones científicas nos provocarán poner nuestros sueños, o los de algunos románticos de la ciencia, en el cielo.

Esta semana la cámara de diputados de México habrá votado la creación de la Agencia Espacial Mexicana AEXA., proyecto presentado por el ingeniero Tulacinguense Fernando de la Peña Llaca el pasado 27 de octubre de 2005.

En la cual se pretende tener un organismo con patrimonio y autonomía para la investigación relacionada al espacio. Es curioso que en esta semana sea votada, ya que este jueves 27 se conmemoran 9 años del aviso oficial acerca del meteorito ALH84001 que tanto revuelo internacional ha causado. Todavía recuerdo aquel 29 de enero de 1997 en que me llego el NRA-96-OSS-14 (Aviso de Investigación Nasa – de la Oficina de Ciencias del Espacio, número 14 de 1996) en que invitaban a participar en el programa de investigación de Meteoritos Marcianos Ancianos (AMM).

En ese entonces tenía una clave como Investigador Senior de Nasa, 45543. La emoción de pensar que podría ir al espacio o incluso conocer no solo otro país sino otro planeta volvió a atacar mi mente. Y Seguramente atacó la de muchos otros como la de Peña Llaca, Omar Pensado, Rafael Navarro y Rosa Obregón. La oportunidad de investigación consistía en diseñar investigaciones que demostraran vida en Marte a partir de los resultados de análisis provistos por NASA.

Para ese entonces ya había leído "La vuelta al mundo en noventa minutos" novela autobiográfica de Rodolfo Neri, en la que desilusionaba a ser astronauta por la falta de viabilidad por nacionalidad, costo, o desarrollo científico y tecnológico. Tan sencillo como que él participo con un escudo de la secretaría de comunicaciones y transportes y no de la Agencia Espacial Mexicana. Años más tarde en 2000 me involucre en un programa del Instituto de Ciencias Avanzadas de Veracruz (RENIECYT-2005/713) para la terraformación de Marte basados en investigaciones de un glaciar tropical mejor conocido como el "Pico de Orizaba" en el cuál también participaba Christopher P. Mckay como representante de NASA y Rafael Navarro (que apropósito en diciembre de 2004 ingreso al Laboratorio de Ciencia Marciana MLS de NASA) por parte de la UNAM. Omar Pensado actual director del Instituto de Ciencias Avanzadas aún trabaja con proyectos de exobiología y administración pública en el estado de Veracruz. Por su parte la regiomontana Rosa Obregón egresada del Tecnológico de Massachussets construía su carrera como Técnico de mantenimiento (aclaro que no significa chalán) del trasbordador espacial y elogiada por la NASA como un caso exitoso y respetable de inmigración.

Tal vez para hoy viernes 28 de abril de 2006 y con apoyo del Diputado Moisés Jiménez Sánchez y la Comisión de Ciencia y Tecnología, México contará con una Agencia Espacial, que encuentre una forma de aplicar los 21 millones de pesos a investigaciones relacionadas con la vida en Marte o tal vez simplemente, con la administración de algún satélite para la detección de sismos mayores a 5° Richter.

¿Alguien sabe cuanto cuesta un traje espacial nuevo?

Publicado en Mayo 5 de 2006

EARTH GROUNDED FEET

In addition to political campaigns and world soccer championship to blur a little the vocational guidance of our youth in Mexico, the next few weeks the imagination and the scientific aspirations will make us put our dreams, or the ones of some romantics scientists, in the sky.

This week the Mexican House of Representatives will have voted to create the Mexican Space Agency AEXA, which draft was submitted by the engineer Fernando de la Peña Llaca, from Tulancingo, last October 27, 2005.

In which the intention is to to have an organization with capital and autonomy to make research related to space. It is curious that it will be voted this week, as this Thursday the 27th, it will be 9 years since the official announcement on the ALH84001 meteorite that has aroused too much attention internationally. I still remember that January 29, 1997 when I received the NRA-96-OSS-14 (Nasa Research Announcement- Office of Space Science, number 14 of 1996) inviting me to take part on the research program Ancient Martian Meteorites (AMM). Back then I had a code as Senior Researcher of NASA, 45543. The thrill of thinking that I could go into space or even to know not just another country but another planet, attacked my mind once again. And it surely attacked many others minds such as Peña Llaca, Omar Pensado, Rafael Navarro and Rosa Obregon. The research opportunity was to design research that could demonstrate the existance of life in Mars from test results provided by NASA.

By then I had already read "Around the world in ninety minutes," the autobiographical novel by Rodolfo Neri, in which intimidates to be an astronaut because of the lack of viability by nationality, cost or scientific and technological development. As easy as he holds a badge from the Ministry of Communications and Transport and not from the Mexican Space Agency. Years later in 2000, I became involved in a program of the Institute for Advanced Sciences of Veracruz (RENIECYT-2005/713) for the terraforming of Mars based on research of a tropical glacier known as the "Pico de Orizaba" in which also participated Christopher P. McKay as a representative of NASA and Rafael Navarro (which by the way in December 2004 entered the NASA Mars Science Laboratory MLS) on behalf the UNAM. Omar Pensado, current director of the Institute for Advanced Sciences of Veracruz is still working with exobiology projects and public administration. On her side, Rosa Obregon, from Monterrey, a graduated from Massachusetts Technological Institute and she was pursuing her career as Maintenance Technician (clarified that does not mean she was a gillie) for the space shuttle and being praised by NASA as a successful and respected immigration case.

Maybe today, Friday April 28, 2006, with support from Representative Moises Jimenez Sanchez and the Commission of Science and Technology, Mexico will have a Space Agency, to find a way to apply the 21 million pesos to research related to life on Mars or perhaps simply the administration of a satellite for the detection of earthquakes greater than 5 ° Richter.

Does anyone know how much for a new spacesuit?

Published on May 5, 2006

COSAS DE INSIGNIFICANCIA EN EL CINE

El 14 de marzo de 1879 en Ulm, Alemania nació Albert Einstein; durante los últimos 100 años de él se ha escrito, grabado, videograbado, filmado, fotografiado y webizado (de izar páginas web,) un sin fin de materiales científicos y otros no tanto, que podrían ir desde hologramas en los resellos en la universidad de Leiden en Holanda, timbres Rusos o máscaras de hallowen.

Hace unos meses tuve la oportunidad de ver la película titulada "Insignificancia" (1985) del director Inglés Nicolas Roeg; en ella presenta, una extraordinaria fantasía ubicada en 1954; la "actriz" interpretada por Theresa Russell, acude a una habitación de hotel en NuevaYork, donde el "profesor" (Michael Emill), escribe por quinta vez la teoría de la relatividad.

El objetivo de ella es demostrar al profesor su inteligencia para poder pasar la noche con él; ella ha hecho una lista de los hombres interesantes con quienes le gustaría pasar la noche e incluso comenta que de haberlo conocido antes no habría sido el tercero de su lista.

Para convencerlo ella acude preparada con un arma que él no podrá resistir: un paquete en el que ha incluido lámparas de mano, globos, autos y trenes de juguete entre otras cosas y se dispone a explicarle al "profesor" la teoría de la relatividad. A mi gusto una de las mejores explicaciones que cualquier divulgador le gustaría haber dado o recibido. ¿Pueden imaginarlo? La sensual Marylin Monroe en su clásico vestido súper escotado, jugando en el piso con artículos caseros explicando como la velocidad de la luz sería la misma independientemente de la velocidad del cuerpo que la estuviera emitiendo-recibiendo, o del cómo se formaría una esfera luminosa con dos centros.

En la película también podemos apreciar al celoso "beisbolista" Joe Dimaggio; enfadado de acudir al cine o comprar revistas del espectáculo para poder ver a su esposa en ropa interior; y frustra los planes de la actriz haciendo que el profesor cambie de habitación y enfrente al famoso político Joseph McCarthy mientras el Beisbolista interactúa con un grupo de hombres de negro de los Estados Unidos, quienes pretenden confiscar el material de Einstein alegando que puede ser peligroso.

Podemos ver en algunas escenas intercaladas parte de la historia de Albert Einstein y Norma Jean Mortenson (Marylin para los cuates); del como ella llegó al "estrellato" y como el profesor vive atormentado por no haber evitado el uso de la Bomba Atómica.

Dudo mucho que alguna vez Marylin conociera a Einstein casada con Dimaggio, ya que ellos se casarón en enero del 1954, Einstein murió en abril del 1955, y para 1950 se dedicaba a la teoría de la "gran unificación" y escribía el libro titulado "En mis últimos años".

No sé si el canal 22 la trasmitiera en el aniversario de su nacimiento, pero si alguien tiene la oportunidad de verla LA RECOMIENDO en estas fechas por terminar el año internacional de la física dedicada a Albert Einstein.

Marzo de 2006

INSIGNIFICANCE THINGS
IN FILMS

On March 14, 1879 in Ulm, Germany Albert Einstein was born, during the last 100 years it has been written, recorded, videotaped, filmed, photographed and webrised (from rising websites) about him; endless materials both scientific and no-that-much-scientific, that could range from holograms on the seals of id cards from the University of Leiden in the Netherlands, to postal stamps from Russia or Halloween masks.

A few months ago I had the opportunity to see the film "Insignificance" (1985) from the English director Nicolas Roeg; it presents an extraordinary fantasy located at 1954, "The Actress" starring Theresa Russell, goes to a hotel room in New York, where "The Professor" (Michael Emill) is writting the theory of relativity for the fifth time.

Her aim is to show the teacher her intelligence so she can spend the night with him; she has made a list of interesting men with whom she would like to spend the night and she even says that if she had known him before he would not have been the third on her list.

To convince him she comes prepared with a weapon that he could not resist: a package that includes flashlights, balloons, toy cars and trains, among other things and prepares to explain to "the professor" the theory of relativity. To my taste one of the best explanations that any divulgator would like to have given or received. Can you imagine? The sexy Marilyn Monroe dressed in his classic super low-cut dress on the floor playing with household items explaining how the speed of light would be the same regardless of the velocity of the body that was emitting-receiving it, or how to form a luminous sphere with two centers.

In the film we can also see the jealous "baseball player" Joe Dimaggio; mad because he has to go to the movies or buy showbiz magazines so he can see his wife in her underwear; and how he thwarts the plans of the actress by making the teacher to switch rooms and to face the famous politician Joseph MaCarthy, while the baseball player interacts with a group of men-in-black from the United States who seek to confiscate Einstein's material claiming it could be dangerous.

We can see some scenes interspersed with part of the story of Albert Einstein and Norma Jean Mortenson (Marilyn for the guys) of how she came to "stardom" and the teacher is tormented by failing to prevent the use of the Atomic Bomb.

I doubt that Einstein would ever met Marylin when she was married to Dimaggio, because they were married in

January 1954; Einstein died in April 1955, and by 1950 he was devoted to the theory of "grand unification" and he was writting the book "In my last years".

I do not know if Channel 22 will show it on the anniversary of his birth, but if anyone has the chance to see it, I ABSOLUTELY RECOMMEND IT, on this date approaching the end the International Year of Physics devoted to Albert Einstein.

March, 2006

¡SÍ ES AHÍ! (CSI) INVESTIGAR EN LA ESCENA DE LA CIENCIA

Y pensar en aquellos tiempos en que, el simple conocimiento de las cosas se basaba en pensar y pensar, reflexionar y volver a pensar como el famoso poeta de Rodín. ¿Será una enfermedad natural del hombre querer saber e investigar? ¿Dónde se encuentra la respuesta a nuestras dudas? No me queda más que saltar de investigador a detective, de científicos paranormales a formales, y pensar en los apocalípticos e integrados.

Últimamente he visto crecer las series relacionadas a la medicina forense, y aunque muchos afirman que es una manera de explotar el morbo común, como las "revistas epatíticas"; yo creo que es más una evidencia, de lo común que puede ser la ciencia sumada a la tradición de las novelas detectivescas que viven en nuestro inconsciente colectivo.

Hace no muchos años Sir Arthur Conan Doyle nos cautivo con la más famosa de sus novelas "El misterio de Escarlet" protagonizada por un tal Sherlock Holmes, personaje basado en el Dr. Joseph Bell de la universidad de Edimburgo en las inmediaciones del siglo XIX. Doyle también escribió "Las hadas de Cottingley" una versión original, del engaño, que luego conociéramos como "La bruja de Blair" y la evidente coyuntura en que aparece George Challenger, en "El mundo perdido" quien sería el primer científico de la modernidad en convivir con dinosaurios hasta que Michael Crichton escribiera la homónima mejor conocida por la trilogía del "Parque Jurásico" la cual sació, a muchos de nosotros, de ese prurito científico del ADN y las clonaciones, y algunos otros el morbo por los dinosaurios.

Crichton creó una de las series televisivas procientíficas mas exitosas del mundo gringo, con 10 temporadas y creciendo: "Sala de Emergencias" (ER). Misma que llevo a la fama a George Cloney que años después encarnara al mejor y más famoso de los Detectives del Cómic "Batman" para la cadena de cine y televisión Warner Bros. que recién estrenó "The Evidence".

Las series de medicina forense y dónde nos aparecen científicos impresionantes y otros no tanto, parecen ser la moda en cuanto a la ciencia moderna en cine y televisión, casi cada compañía tiene su propia versión, Bones, Dr. House y CSI son la competencia; esta última con más temporadas, versiones y adaptaciones de las que podríamos imaginar.

De regreso en el Cine se me ocurre por mencionar los últimos en pantalla: Quentín Cooke Detective científico, que quién sabe que hacia en "Bandidas" (Hayek, Cruz y Zahn); Ethan Hunt agente internacional demostró en Misión Imposible 3 ser un audaz "físico pendular" y hasta la semana pasada a Ignacio (Pedro izquierdo) "físico, analista de riesgos" en la comedia realista mexicana Efectos Secundarios".

La deducción y la inducción no serían de gran apoyo sin la intervención del método científico. Tal es nuestra convicción, que desde hace años se invierten millones para la investigación científica; y hasta los fenómenos paranormales se refugian es este hecho, nuestras mamás revisan nuestros útiles escolares y nuestras novias las camisas y carteras en busca de evidencia. Hacen conjeturas y atan cabos. A veces las inventan o simplemente las modelan cual astrónomo cuya única pista es un "chorrito" de luz visible y para colmo otras veces "invisible".

Así que la respuesta, a la pregunta de moda: ¿Es en la investigación científica dónde esta el conocimiento? sería: Sí, sí es ahí, o al menos eso creo yo y los científicos de estos tiempos.

Noviembre 17 de 2006

CSI ('Course iS It) – Case Scientific Investigation

Thinking about those days when the mere knowledge of things was based on thinking and think, reflect and rethink as the famous poet of Rodin. Is it a natural disease of man wanting to know and investigate? Where is the answer to our questions? I have no more choice than jumping from researcher to detective, from paranormal to formal scientists, and think about the Apocalyptics and Integrated.

Lately I've been seeing rising up the series related to forensic medicine, and although many claim it is a way to exploit the common morbidity as "hepathetics" magazines do, I think it's one more evidence of how common science is combined with the tradition of detective novels which live in our collective unconscious.

Not many years ago Sir Arthur Conan Doyle captivated us with his most famous novel "A Study in Scarlet" starring a certain Sherlock Holmes, character based on Dr. Joseph Bell from the University of Edinburgh in the vicinity of the nineteenth century. Doyle also wrote "Cottingley Fairies" an original version of the hoax, that later we knew as the

"Blair Witch" and the obvious situation in which George Challenger appears in "The Lost World" who would be the first modern scientist to coexist with dinosaurs until Michael Crichton wrote the homonymous trilogy best known as "Jurassic Park" which satisfied in many of us, this scientific itch of DNA and cloning, and some morbid curiosity for dinosaurs.

Crichton created one of the most successful pro scientific television series in the American world, with 10 seasons and growing: "Emergency Room" (ER). Same that led George Cloney to fame, who years later embodied the best and most famous of the Detectives "Batman", from comics to television and cinema firm Warner Bros. that recently released "The Evidence".

The series on forensic medicine, and where scientists both impressive and not so impressive appear, seem to be the fashion in terms of modern science in film and television, almost every company has its own version, Bones, Dr. House and CSI are competition, the latter with more seasons, versions and adaptations of that we can imagine.

Back on films it occurs to me, just to mention the last releases on-screen: Quentin Cooke scientific detective, who knows what he was doing in "Bandidas" (Hayek, Cruz and Zahn); Ethan Hunt, international agent, who in Mission Impossible 3 proved to be a bold "swinging pendulum physicist" and until last week Ignacio (Pedro Izquierdo) physicist "risk analyst "at the Mexican realistic comedy "Side Effects".

Deduction and induction would not be of great support without the intervention of the scientific method. Such is our conviction, that for many years millions of bucks have been invested on scientific research, even far as refuge from paranormal phenomena; our moms search on our back packs and our girlfriends seek on our shirts and wallets in search for evidence. They speculate and tie ends. Sometimes they simply made them up or they shape them as an astronomer whose only clue is a little "squirt" of visible light and sometimes "invisible".

So the answer, to the trendy question: Is it in research where knowledge is? would be: 'Course is it in there, or at least I think so and scientists of our time, too.

November 17, 2006

DESDE LA BUTACA

Estoy sentado en la butaca de todos los días frente al monitor que me acaba la vista, al estornudar, descubro cómo cambia de color; me acerco, la pantalla está caliente y observo con paciencia, mientras espero que la gota desaparezca.

La butaca se ha definido como un asiento individual, cómodo, con brazos y respaldo, diseñado para observar, no para descansar; es decir, tiene un propósito relacionado al entendimiento. De ahí que este lugar desde donde escribo y consulto el correo suele ser butaca durante las primeras horas del día, y también la que me sirve para contemplar la noche con binoculares, jugando a la astronomía que depende principalmente de la observación casi sin experimentación.

Observar es advertir o darse cuenta de algo, mirar disimuladamente, examinar en detalle, hacer notar y llamar la atención, parecería contradicción, y sin embargo, muchos la ponen como base de la investigación. Por su parte Teatro que viene de Theatron – Theomai significa: "veo, miro, soy espectador". En resumen observo y en consecuencia si lo hago bien aprendo.

Las butacas más comunes las conocemos en el cine y el teatro, ventanas que nos enseñan cómo es el mundo gracias al invento de Edison y los Lumiere, el cual no hubiera prosperado de no ser por un gusto del guionismo y la actuación. Hablando de Thomas Alva Edisón; en 1910, fascinado por el efecto eléctrico de galvanización, que da vida al monstruo del científico de Silesia Víctor Frankenstein, en la novela de Mary Wollstonecraft Shelley. Decidió primero producirla en cine y más tarde mantuvo a una compañía de Broadway durante varias temporadas, a pesar que en repetidas ocasiones fuese el único en la platea.

Mel Brooks, el genio de Broadway escribió también La Loca Historia de las Galaxias y produjo "La mosca" de David Cronenberg, protagonizada por Jeff Goldblum actor quien al parecer se ha dedicado a papeles pro-científicos como en "Parque jurasico".

Difíciles de observar, las lunas de Urano: Titania, Miranda, Desdémona, Medea y Cordelia, seguidas de Margaret, Bianca, Ariel y Rosalinda, además de Crésida, Perdita, Porcia, Julieta y Ofelia, al lado de varones como Próspero, Oberón, Ferdinand, Francisco y Calibán o indefinidos como Setebos, Cupido y Puck, hacen compañía de los etílicos Estefano y Trínculo. Personajes del dramaturgo inglés William Shakespeare, los cuales ha compartido con la astronomía.

Innegable que en la escuela aprendemos más si al profesor le sale lo histrión y el pizarrón se las gasta de proscenio; que un planetario parece un teatro arena visto desde abajo y no desde arriba; y que no se nos olvida cuando Einstein, Newton o cualquiera de bata u overol, de visita llegan al salón.

De niño asistí a ver Triptofanito en Universum; luego me enteré que Luis Enrique Erro Soler, también estudió teatro en la UNAM durante sus años mozos. Y apropósito de otro Soler, Fernando Soler Palavicini, alguna vez en la BUAP, me comento que había llegado a Puebla gracias al Planetario. Junto, en Imagina, Eduentretenimiento (Mad Science) nos entretuvo con varias funciones teatrales. Por último, no olvido comentar que nací en cuna del teatro; padre, madre y padrinos a quienes les debo mis primeros años llenos de libros y ensayos.

Abril 27 de 2007

From my armchair

I'm sitting on the everyday stall, in front the screen wich consumes my sight. I sneeze and find many colours appearing over the hot screen then I watch patiently while I wait for the dew to disappear.

The armchair stall has been defined as an individual seat, comfortable, with arms and back, designed to observe, not to rest, ie it has a purpose related to understanding. Hence, this place from where I write and check my mail, is usually a stall during the early hours of the day, and is also the one that helps me to stare at night with binoculars, playing astronomy that depends mainly on the observation almost without experimentation.

Observing is to be aware or notice something, looking slyly examine in detail to point out and draw attention, it seems a contradiction, yet many put it as a basis for research. Meanwhile Theatre comes from Theatron – Theomai meaning: "I see, I look, I am spectator". In summary, I observe and therefore, if I do it well I learn.

The most common stalls are known to us in the cinema and theater, windows that show us how is it the world, through the invention of Edison and the Lumiere brothers, which would not have prospered if not for a taste to screenwriting and acting. About Thomas Alva Edison, in 1910, was fascinated by the electric galvanizing effect, that brings to life the monster created by the Silesian scientist Victor Frankenstein, the novel by Mary Wollstonecraft Shelley. He decided first to produce a film and later he financed a Broadway company for several seasons, although he repeatedly was the only one in the orchestra. Mel Brooks, the genius of Broadway, also wrote Spaceballs and produced "The Fly" by David Cronenberg, starring Jeff Goldblum, actor who apparently has been dedicated to pro-scientific papers as the one he plays in "Jurassic Park."

Difficult to observe, the moons of Uranus: Titania, Miranda, Desdemona, Medea and Cordelia, followed by Margaret, Bianca, Ariel and Rosalind, in addition to Cressida, Perdita, Portia, Juliet and Ophelia, accompanied by men like Prospero, Oberon, Ferdinand, Francisco and Caliban or undefined as Setebos, Cupid and Puck, make company of the ethyl Stefano and Trinculo. Characters of the English playwright William Shakespeare, which he has shared with astronomy.

Undeniable that in school we learn more if the teacher lets his inner actor out, and the blackboard is spent as a proscenium; that a planetarium seems like a global arena theater if seen from below and not from above, and that we do not forget when Einstein, Newton or anyone with a lab coat or overall comes to visit the class.

As a child I went to see Triptofanito at Universum, then I found out that Luis Enrique Erro Soler also studied theater at UNAM during his younger years. And another Soler by the stage, Fernando Soler Palavicini, sometime at the BUAP, he told me he had arrived to Puebla thanks to the Planetarium. Next, en Imagina, Eduentretenimiento (Mad Science) he entertained us with several theatrical performances. Finally, I do not forget to mention that I was born in the craddle of theater; father, mother and step parents to whom I owe my early years full of books and tryouts.

April 27, 2007

PASADO MAÑANA

Las lenguas modernas indican, que nuestros abuelos decían: "no dejes para mañana lo que puedas hacer hoy" la verdad es que a la fecha lo seguimos diciendo y algunos mas osados incluso le ponen kilátes o divisas: "El tiempo es dinero".

Hoy martes tenia que sacar la basura pero no lo hice por que estaba lloviendo, no podré hacerlo hasta el jueves, es decir "El día después de mañana", así que por el momento no contribuí con mi parte para la estación de transferencia intermunicipal y mucho menos para el relleno sanitario o nuestros queridos amigos recicladores.

Mientras llueve me entretengo con un cafecito y los anuncios de la tele, que siguen diciendo barbaridades como "… su formula activa descompone el cloro en sus elementos principales, para darle mayor blancura a tu ropa…" y yo pensando que el cloro (del griego, verdoso) ya era un elemento perteneciente a la tabla periódica desde 1810 que Humphry Davy lo bautizó y puso ahí. Condenado cloro, tan sencillo que lo comemos a diario y tan letal que nos mata en segundos. Por algo es considerado incipiente arma química de la primera guerra mundial; al cloro con el sodio (Cloruro de Sodio) le llamamos Sal y hasta este momento es el único mineral que comemos en su estado natural, luego me presumirán los que dicen que comen oro para las arrugas.

Algunos compuestos de Cloro, Fluor y Carbono (CFC's pá los cuates) al llegar a la atmósfera producen monóxido de cloro y este a su vez le quita un oxigeno al Ozono (O3), trasformando la famosa capa, en una coladerita biatómica de Oxigeno a 25 kilómetros de altura, que deja pasar los rayos ultravioleta, provocando cáncer de piel y menor rendimiento de los cultivos. Y si no me creen consulten la Revista Nature en su numero de junio de 1974 o pídanle al Director de este suplemento ALEPH les presente al autor que en 1995 gano junto a un gringo y un alemán el premio Nobel de Química por decirnos con la "Teoría del agotamiento de ozono por CFC's" que ¡nos estamos acabando el mundo! Si se les hace mucho 21 años para darles crédito, consideren que fue hasta 1985 que solo 49 países de la ONU firmaron el protocolo de Montreal para dejar de producir CFC's antes del 2000, o sea que no era algo inmediato. Y para que no hubiera dudas el Jet Propulsion Laboratory tiene un satélite a 600 kms de altura monitoreando la estratosfera.

Según Jon Amiel famoso cuenta historias de California y aficionado a la ciencia, los hoyos de la capa de ozono en la antártida fueron creados por un láser de la NASA accidentalmente. Recuerdo a mi profe Alberto Arenas Torres de cuarto de primaria explicándonos sobre la erosión, en las pocas veces que si nos daba clase; en Gutiérez Zamora Veracruz algunas casas todavía indican arriba de los 2 metros el nivel al que llego el agua con las inundaciones por lluvias.; el verano es cada vez mas caliente, y el invierno es cada vez más frío; Mario José Molina-Pasquel Henríquez (con ache) no deja de salir en noticieros, foros y congresos diciendo que ésta nave está hundiéndose, y lo dice con todo conocimiento de causa. Y eso que *desdenero* de este año la ONU y todos los gobiernos ratificaron el grito en el cielo.

Me descuido un rato y ya se están acabando el mundo. Ya no quiero que se repita lo de Eloxochitlan que se pasaron diciendo que estaba erosionado el camino, que había mucha tala clandestina y nadie hizo nada hasta que no se nos adelantaron treinta y tantas personas.

Si les digo que NO PISEN EL PASTO, no es por que nos salga caro ni porque se vea feo ¡Es porque SE EROSIONA!

Septiembre 21 de 2007

The Day After tomorrow

Modern gossip suggest that our grandparents said: "Do not leave for tomorrow what you can do today" the truth is that we keep saying it nowdays and some more brave will even have attributed carats and currency: "Time is Money".

Today Tuesday I had to take out the garbage but I did not because it was raining, I can't do that until Thursday, I mean "The Day After Tomorrow", so for the time being I haven't contributed my part to the intermunicipal transfer station and much less to the landfill or to our dear friends, the recyclers.

While it rains, I am entertaining with a coffee and TV ads that keep saying outrageous things as "... its active formula breaks down the chlorine in its main elements, to give an added whiteness to your clothes ..." and I have thought that chlorine (from the Greek, greenish) was already an element belonging to the periodic table since 1810 when Humphry Davy baptized it and put it there. Damn chlorine, so simple that we eat every day and so lethal that it kills us in seconds. For something is considered a chemical weapon emerging from the first world war; the chlorine with sodium (sodium chloride) is called Salt and so far is the only mineral we eat in its natural state, later some pretentious will tell they eat gold for wrinkles.

When some compounds of chlorine, fluorine and carbon (CFC's for the guys) reach the atmosphere produce chlorine monoxide and this in turn eliminates one oxygen from ozone (O3), transforming the famous layer into a nice diatomic Oxygen little strainer 25 kilometers high, which allows the ultraviolet rays traverse, causing skin cancer and reduced crops. And if you do not believe me, you can consult the June 1974 issue of Nature, or ask the Director of this supplement, ALEPH-ZERO, to introduce you to the author who in 1995 won the Nobel Prize on Chemistry along with an American and a German for telling us on their "Theory of ozone depletion by CFC's" that We are running out the world!.

If 21 years seems too long to give them credit, consider that it was until 1985 when only 49 UN countries had signed the Montreal Protocol to stop producing CFCs by 2000, or that is, it was not something immediate. And to leave no room for doubt the Jet Propulsion Laboratory has a satellite at 600 km height monitoring the stratosphere.

According to famous storyteller, and amateur scientist from California, Jon Amiel, the holes in the ozone layer over Antarctica were created accidentally by a laser from NASA. I remember my teacher Alberto Arenas Torres on fourth-grade explained us erosion, on one of the few ocassions he taught us; some houses in Gutierrez Zamora, Veracruz still show up to 2 meters as the level at which the water came because of flooding rains. Summer is getting hotter, and winter is getting colder, Mario Jose Molina-Pasquel Henríquez (with "H") is constantly appearing on the news, forums and conferences saying that this ship is sinking, and he says it with all knowledge of cause. Not to mention that since the month of *disdainuary* the UN and all governments ratified the cry in the sky.

I distracted for awhile and you are running out the world. I do not want to be repeated what it happened in Eloxochitlan; they kept saying the road was eroding, that there were many illegal logging and nobody did anything until thirty-some people passed away.

If I keep telling you: DO NOT TO STEP ON THE GRASS, is not because it is expensive or because it looks ugly, is because IT ERODES!

September 21, 2007

¡Momento Señores!

Seguramente hace ya varios años algún Francisco, famoso por su suerte y gracia, bautizó con su hipocorístico al momento que abochorna, sustituyendo al Oso con Pancho. Comprender el Momento es tan simple como notar un instante en el tiempo, cuando se refleja un flash o cae un rayo y suena el trueno, como cuando alguien se tropieza y recupera el paso con disimulo o al tomar una fotografía espontánea. Sin movimiento no notaríamos el momento, el movimiento nos ayuda a comprender el tiempo. ¡Nada sucede momentáneamente, solo es un momento¡

Newton le llamó "momentum" a la cantidad de movimiento, como medida de la masa por la velocidad, años antes Galileo le llamaba ímpetu como si se refiriera a la energía con la que se actúa. El ejemplo mas claro lo experimentamos en cada bache, tope, alto, enfrenón o choque cuando salimos disparados al frente o a los lados y que muchas veces, estando en el asiento del centro atrás, incurrimos en algún pancho.

El Momento Newtoniano ha sido comprendido además, como su apoteosis 1642-1727, época en que su vida y la publicación de sus teorías lograron establecer la confianza sin límites en la razón y el conocimiento científico. Época en la que el buen Isaac no solo se convirtió en ejemplo de científico, sino también de burócrata. Quién más que un genio de la masa y el peso, con conocimientos de alquimia, para ser Director de la casa de moneda y diseñar sus denominaciones y métodos contra la falsificación. El Mismo Louis Lagrange decía que un Newton no se repetiría ya que no se puede descubrir dos veces el sistema que rige el mundo.

Momento Newtoniano o hacer un Newtoniano consiste en sacar a la luz: escritos, recuerdos, herramientas o simples souvenires que sin prueba fehaciente de su antigüedad, funcionan con oportunidad. Y para esto Newton se excede en ejemplos.

Edmund Halley en 1684 llegó preguntándole si tenia alguna idea del tipo de fuerza que atrae y describe el movimiento de los cometas hacia el sol, Newton inmediatamente respondió que debía ser una Fuerza inversamente proporcional al cuadrado de la distancia. Halley (el del cometa) sorprendido preguntó que cómo lo sabía, Newton solo dijo que lo había deducido hace años en 1679 por una pregunta de Robert Hooke y que tenia docenas de páginas al respecto, Halley pidió consultar los apuntes, Newton dijo que no tenia tiempo en ese momento pero que si regresaba en tres días los tendría disponibles y así fue. O era verdad que los escribío cinco años atrás o se paso día y noche desarrollando una respuesta que dedujo en unos segundos. Los apuntes se publicaron un año después como La ley de la gravitación universal. Algo similar sucedió con la invención del Cálculo Infinitesimal, cuando "el frito" Leibniz le mostró su nuevo método matemático, Newton contesto igual, que hacía años que lo había utilizado para resolver problemas de mecánica pero no había tenido tiempo de formalizarlo, valió de discusión y sanos enfrentamientos hasta la muertre de Leibniz en 1716.

Con frecuencia caigo en Momentos Newtonianos y no me refiero al de inercia, fuerza, eléctrico, magnético o angular; sino a esta sorpresa cuando, después de, casi 2 años en Puebla encuentro "nuevos recursos" que he conservado aún en cajas empaquetadas de la mudanza. Por último creo que este no sería un buen Newtoniano si no dijera que hace tiempo había escrito notas de esto, que Newton es uno de mis favoritos junto a Frank Gilbreth (Therblig), y ahora con la corrección ha cambiado de "El momento newtoniano" a "¡Momento señores! o la creación del newtoniano"

Octubre 5 de 2007

Wait a momentum, Sirs!

Perhaps many years ago an elephant famous for his size, luck and grace, gave his hypocoristic to the momentum wich refers the inability to speak and move, not lack of memory, then replaced the fool with the "dumb". Understanding the Momentum is as simple as noticing a slide in time when a flash is reflected, or a lightning strikes and a thunder sounds, like when someone trips and sly recovers his step, or like taking an spontaneous picture. Without movement we wouldn't notice the moment, movement helps to understand time. Nothing happens momentarily, it is just a momentum;

Newton called "momentum" to the quantity of movement, as the product of the mass by the velocity; years before, Galileo called it impetus as he referred to the energy with which one acts. The clearest example we experience on every bump, chuckhole, yaw or crash when we get pushed to front or sides and often, being in the center seat back, we stood as dumbs.

The Newtonian Moment(um) has also been understood as his apotheosis in 1642-1727, a period in which his life and the publication of his theories allowed to establish the unbounded confidence in reason and scientific knowledge. Epoch when not only Isaac became such an exemplary scientist, but also a bureaucrat. Who but a genius of mass and weight, with knowledge of alchemy, to be Director of the Mint and design their denominations and counterfeiting methods. Louis Lagrange himself, said that a Newton would never be repeated because you can't find twice the system that rules the world.

A Newtonian Moment(um) or making a Newtonian consist in bringing up to light: writings, memoirs, tools, or simple souvenirs that without reliable proof of their antiquity, will work in a timely manner. And for this, Newton exceeds the sampling.

Edmund Halley in 1684 came asking if Newton had any idea about the force which attracts and describes the motion of comets toward the sun, Newton immediately answered that it should be a force inversely proportional to the square of the distance. Halley (as the comet) astonished asked how he knew, Newton just said he had deducted it years ago in 1679 from a question from Robert Hooke and that he had dozens of pages about it, Halley requested to consult the notes, Newton said he had no time at the moment but if he returned in three days they would be available and it was so. Either it was true that he wrote it five years ago or, he spent all day and all night in elaborating an answer that took him only seconds to deduce. The notes were published a year later as the Law of Universal Gravitation. Something similar happened with the invention of infinitesimal calculus, when Leibniz showed him his new mathematical method, Newton answered the same way, that many years before he had used it to solve mechanical problems but that he had not had time to formalize it, it was subject for discussion and healthful fightings until Leibniz death in 1716.

Often I fall into Newtonian moment(um) and I do not mean inertia, strength, electrical, magnetic or angular ones; but this surprise when, after almost 2 years in Puebla, still I am finding "new resources", that I kept packed in boxes from my most recent move. Finally I think that this would not be a good Newtonian if I do not mention that long ago I had written this notes, that Newton is one of my favorites along with Frank Gilbreth (Therblig), and that now with the ammendment it has changed from "The Newtonian Moment" to "Wait a momentum, Sirs! or the creation of a Newtonian."

October 5, 2007

¡Ni maíz, Paloma!

En el taller de ciencia que suelo compartir cuando la hormona lo permite y los niños, jóvenes y profesores lo demandan, me gusta mucho el preparar palomitas de maíz, una vez me sorprendí por la pregunta de un grupo de niños ¿De qué árbol se sacaban las palomitas o los granos para hacerlas? Querían saber dónde se encontraban esos árboles y si podíamos sembrar uno en la escuela.

Mientras cuidábamos el sartén, ayudando a que el núcleo de agua llegara a los 200 grados centígrados para reventar la celulosa del pericarpio y así el almidón del endospermo aflorara, les comentaba simples detalles del maíz.

Así como le paso a Keiko, contemporánea apenas unos meses mayor que yo y que se nos adelanto en diciembre de 2003, por que no sabia comer sola y extrañaba a la gente; el ZEA MAÍZ ya no sabe vivir solo, no hay maíz silvestre, necesita desde hace miles de años que el buen hombre llegue, lo corte, lo estrese, lo siembre, lo riegue, lo cuide y lo coseche en un ciclo infinito. Durante estos años el maíz, mascota y alimento mexicano, se ha fortalecido a su manera, se ha hecho mas grande, mas resistente, mas dulce mas pastoso y más caro; ¡ha! y para colmo se le han encontrado cientos de usos distintos y no solo pa' las tortillas.

Así es, mientras las mas-secas festejan su arribo a Asia en septiembre 21 de 2006, científicos mecánicos como Justin Carven llevaban 6 años vendiendo su kit de adaptación para combustible vegetal de vehículos automotores. Es decir, este chavo de Hampshire encontró la forma para adaptar cualquier automóvil a gasolina o diesel en uno a aceite de comer por menos de 2 mil pesos. Lo que significa que ahora, la guerra de las máquinas contra el hombre por al alimento es una realidad no tanto como en "The Matrix" pero deberemos empezar a pensar si le queremos dar de comer a nuestro auto vegetariano o a nosotros.

- ¿Y los perritos qué comen?
- Croquetas.
- ¿Y las personas qué comen?
- Cemitas.
- ¿Y los pollitos?
- Maíz.
- Jajajaja. Y hasta crees, en el mundo no hay suficiente maíz para la demanda de su población menos para los pollitos, pollito que come maíz debe ser rico o millonario. Empezando por que diariamente se sacrifican cientos de terrenos de cultivo para hacer autopistas o fraccionamientos como La vista, y terminando por que muchos luchan por sus derechos en contra del maíz.

Aunque parezca imposible la lucha agraria contra y por el maíz viene desde la revolución, Zapata no solo peleaba que 'la tierra es de quien la trabaja' también el derecho a sembrar maíz que estaba restringido. Y no hace mucho tiempo las compañías azucareras tienen una batalla permanente contra el maíz, por que ahora a la gente, le gusta endulzar sus alimentos y refrescos con jarabe de maíz y no con azúcar por aquello de la dieta, por eso los refrescos en México que aún usan azúcar no saben igual que los gringos e incluso de otros estados aun cuando sean el mismo producto de la misma marca.

Hace algunos años me sorprendió enterarme que PEMEX rellena los pozos petroleros vacíos con maíz (elotes, saras, millos, panizos, choclos, oroñas o mazorcas) a fin de no provocar suelos cavernosos e inseguros. Ya será tiempo que esos pozos se vuelvan a ser productivos ahora que en cada ciudad tengamos una procesadora vegetal para combustible no solo automotriz, también para "plantas" eléctricas y bio-gas para la cocina y la calefacción.

Solo espero que los nuevos usos que le demos a esta gramínea, después que el CINVESTAV en este año logro descifrar su genoma, no nos priven de sus propiedades alimenticias y dietéticas con los maíces de colores o de delicias como el Huitlacoche, comparado al caviar y mucho menos de los esQuites que tan bien preparan mis tíos, primos y sobrinos en el zócalo de Atlixco.

No me pregunten ni tengan el ocio de contar la palabra maíz en los últimos párrafos. Les recuerdo una anécdota del Norteño, inseparable amigo del Compayito, que nos recuerda que la reproducción del maíz debe ser asexual, de lo contrario con la proximidad y la acalorada situación en vez de maicitos tendríamos palomitas.

Octubre 18 de 2007

No ways, no maize!

On the science class that I share when the hormone allows to students and teachers to demand, I like very much prepare popcorn, once I was surprised by a question raised by a group of children asking Which one is the tree that gives popcorn or the grain to make them? They wanted to know where were these trees and if we could plant one in school.

While we took care of the pan, helping the water core to reach 200 degrees Celsius, to burst the pericarp cellulose and so the starch from the endosperm could blossom, I commented them simple details of maize. Just as it happened to Keiko, my contemporary just a few months older than me, and that passed away in December 2003, because she don't knew how to feed herself, and she missed people, the ZEA MAIZ doesn't know how to live alone, there is no wild maize anymore, since thousands of years ago, it needs the good men to come and do the cropping, stressing, planting, watering, and take care of it, and harvest it in an infinite loop. During these years the maize, mascot and food for Mexicans, has strengthened its own way, has become bigger, stronger, sweeter, more mellow and more expensive, ha! and to top it, we have found hundreds of different uses and not just 4'tortillas.

So it is, while the Mas-secas celebrated their arrival in Asia on September 21, 2006, mechanical scientists like Justin Carven already have six years selling its adapter kit for vegetable fuel for automotive vehicles. This kid from Hampshire found a way to adapt any gasoline or diesel car to edible oil for less than 2 hundred bucks. This means that now, the machine's war against the human for the food is a reality, not as much as in "The Matrix" but we must start thinking if you want to feed our vegetarian car or us.

- And puppies what do they eat?
- Croquettes.
- And people what do they eat?
- Sandwiches.
- And chickens?
- Maize.
- Ha, ha, ha!. And do you really believe it?, in the world there is not enough maize for the population demand, less for chicks, chick that eats maize must be rich or a millionaire. To start with, everyday hundreds of farmland are sacrificed to build highways or residential areas, and ending with those many fighting for their rights against the maize.

Although it seems impossible, the agrarian fight against maize and for the maize, dates back to the Mexican Revolution, Zapata fought not only for 'the land belongs to the tiller' but also for the right to plant maize which was restricted. And not so long ago, sugar companies have a constant battle against the maize, because now people likes to sweeten their food and soft drinks with corn syrup and not sugar (because of the diet, you know), that is why soft drinks in Mexico that still use sugar do not taste like the American ones and even from other states, even when they are the same product from the same brand.

Some years ago, I was surprised to learn that PEMEX fills emptied oil wells with maize (corn, milo, sorghum, stalks, ears, and silk) to avoid the soils to become unsafe and cavernous. It is time for those wells are back to be productive again, now that every city will have a vegetable processing plant for fuel not only for automotive, but also for bio-electric "plants" and bio-gas for cooking and heating.

I just hope that the new uses that we give to this grass, after that in this year CINVESTAV has deciphered its genome, it will not deprive us of the nutritional and dietary properties of the colorful maize or delicatessen such as Huitlacoche, which compares to caviar, and much less of the finest esQuites that my uncles, cousins and nephews prepare in downtown Atlixco.

Don't ask me nor you have the leisure to count how many times the word "maize" appears on the last paragraphs. I remember an anecdote of the Norteño, the Compayito's inseparable friend, who reminds us that the reproduction of corn should be asexual, otherwise with the proximity and the heat of the moment, instead of having maize grains we will have popcorn.

October 18, 2007

Ser0.DECIRMALES ES LA CUESTIÓN

1. Recuerdo hace algunos años las palabras del buen Jean Claude Guiraudon, "el trabajo científico requiere del 80% inspiración y del 20% de transpiración", bueno no estoy muy seguro ya que en eso años me confundía al ver, tanto francés filantrópico haciendo su parte por la ciencia juvenil en México.

Esa frase me hace pensar si el poco esfuerzo que se hace con respecto ciencia y la tecnología refleja la cantidad de intensiones y deseos por que esta se desarrolle. Y comparto algunas ideas que he prometido describir con calma.

1.0 ¿Pero cuál calma? Si veo con preocupación como en los últimos foros, ferias y congresos relacionados, parece que un grupo de divulgadores trabajan por la oficialización de la divulgación científica, es decir proponen enérgicamente que se creen plazas y empleos específicos para esta actividad.

¡Yo me opongo! 'considero' que el divulgador científico es un imaginario social, es decir cumple un rol como el del padre y madre, como el de líder de opinión, como el del mejor amigo, por decir algunos que cumplen con las cualidades necesarias y evidentes a todas luces pero que no por eso se les entrega un sueldo específico y obligaciones. Sobre todo por que la divulgación científica es una crítica permanente a la falta de actualización de los planes de estudio y un esfuerzo por aumentar la poca cultura científica de la población.

En el mismo renglón quiero decir que no estoy en contra de la profesionalización de este trabajo, necesitamos que nuestros divulgadores nuevos y viejos se mantengan actualizados, tanto en sus conocimientos como en el uso de las técnicas y tecnologías para cumplir su rol mientras hacen su trabajo ya sea de maestro, investigador, analista, historiador o editor, que en todo caso si se dedican a la ciencia son científicos. Sería el colmo tener que hacer divulgación para divulgadores.

1.0.0 Esto me lleva a la segunda preocupación, parece que de repente han surgido muchas iniciativas para la capacitación, promoción y venta de las vocaciones y la cultura científica y mi preocupación en especial no es tanto por la transpiración si no por la inspiración. ¿Quién esta avalando el conocimiento utilizado en dichos productos?, y no es ahora contra la libertad de expresión si no por el derecho a la información. Considerando esta, la información, como un conjunto de datos útiles previamente clasificados, ordenados, estudiados y censurados que brindan un conocimiento útil.

Por eso también "me da la tos" cuando en algún congreso el expositor muestra una tabla llena de números y enuncia: "como podrán ver, esta tabla nos puede dar resultados muy interesantes…" en vez de compartir un análisis claro de su tabulación. Digo cualquiera podría entender lo que se le pegue en gana.

1.0.0.0 Retomando lo del surgimiento de museos, camiones y publicaciones procientíficas me pregunto, hay alguna institución que nos valide o nos supervise, digo si alguien trata de remodelar su casa considerada patrimonio histórico de la nación le cae el INAH y lo detiene. Pero si alguien trata de maleducar a nuestros recursos humanos en ciencia y tecnología no es sorprendido por un Instituto Nacional Para el Entendimiento Público de la Ciencia, mucho menos por la Academia Mexicana de Ciencias o por La Secretaría de Educación Pública.

Museos nacen y mueren y algunos son sacrificados para que nazcan cosas que no llegarán a ser ni la mitad de lo que era el anterior, mi ejemplo más sonado, el sacrificio del Museo de Ciencia de Veracruz, para da lugar al Museo Interactivo de Xalapa, es decir el museo de ciencia de un estado dio lugar al museo de la pantalla digital interactiva de una ciudad.

1.0.0.0.0 Tocan la puerta y me ofrecen cambiar de sistema de cable por uno donde no hay canales de relleno como el 11, el 22, el 26 o el del Congreso,

¿pero por que? Si son los que más veo y más deberíamos de ver los demás.

Apropósito, por estos días conmemoraremos la Semana nacional de ciencia y tecnología, compromiso político, espero que se acerquen a algún científico y le pidan que haga divulgación. También se estará votando el presupuesto para el próximo año, según por ley al ramo 38 (ciencia y tecnología) nos toca el 1% pero solo se ha aplicado la mitad y eso es menos de lo que gastamos en pensiones para el estado. ¿Sabe usted que nuestro acervo Total de recursos humanos en ciencia y tecnología es de casi 9mil personas, mas los casi 13mil investigadores del SNI y que solo 8 personas de cada 10mil económicamente activas en el país tiene algo que ver con la ciencia?

Creo que ya es mucha inspiración, como con el buen queso, necesitamos todos comenzar la transpiración y aunque nos huela mal, nos dará un buen sabor de boca.

Noviembre 1 de 2007

2B. DOT TELL BE

1. I remember some years ago the words of the good Jean Claude Guiraudon, "scientific work requires 80% inspiration and 20% perspiration"; well, I'm not so sure, since on those years I was confused to see so many French philanthropists making their contribution to the Science for the youth in Mexico. That phrase makes me wonder if the little effort is made regarding science and technology reflects the number of in-tensions and desires for these to develop. And I share some ideas that I have promised to describe calmly.

   1.0 But how calmly? If I see with concern how in the most recent forums, fairs and related conferences, it seems that a group of divulgators are working on the formalization of scientific divulgation, that is, they are strongly suggesting to create specific positions and jobs for this activity.

   I oppose! I 'consider' that the science divulgator is a social imaginary, ie plays a role as the father and mother, as the opinion leader, as the best friend, to mention some who meet the necessary qualifications and obvious to all lights, but that aint a reason why they should be given a specific salary and duties. Above all because scientific divulgation is a permanent criticism of the lack of an updated curricula and of the little effort being made to increase the poor scientific literacy of the population.

In the same order of ideas, I would like to say that I am not against the professionalization of this work, we need our old and new divulgators are up to date, both in knowledge and in the use of techniques and technologies to fulfill their role while doing their work either a teacher, researcher, analyst, historian or editor, that in any case if they engage in science they are scientists. The straw that breaks the camel would be to do divulgation for divulgators.

1.0.0 This brings me to the second concern, it seems that suddenly many initiatives have emerged for training, promotion and sale of vocations and scientific culture in particular and my particular concern is not so much on perspiration but on inspiration. Who is endorsing the knowledge used in these products?, and now it is not against freedom of speech but for the right to information. Considering this, the information, as a useful data set previously classified, ordered, studied and censored that provide useful knowledge.

That is why it "gives me the coughs" when a conference speaker shows a table full of numbers and says: "As you can see, this chart can give us very interesting results ..." instead of sharing a clear analysis of tabulation. I mean anyone could understand whatever he/she sees fit.

1.0.0.0 Back to the emergence of pro-scientific museums, publications and trucks, I wonder if is there any institution that validates us or supervises, say if someone tries to remodel his/her house which is considered as national historical heritage, the INAH (National Institute for Anthropology and History) steps in and stops the work. But if someone tries to badly educate our human resources in science and technology is not surprised by a National Institute for Public Understanding of Science, let alone the Mexican Academy of Sciences or the Ministry of Education.

Museums are born and die, some are sacrificed for the birth of things that will not become even half of they were before, most notorious example, the sacrifice of the Science Museum in Veracruz, giving rise to the Interactive Museum of Xalapa, that is, a Science Museum of the State leaves its place to an interactive digital display museum of a city.

1.0.0.0.0 They knock on my door and they offer me to switch to a cable system where there are no "fillers" such as free cultural channels or the one from the Congress, but why? If these are the ones I prefer, and those we all should see.

Bythewitty, on these days we commemorate the National week for science and technology, political commitment, I hope you approach a scientist and ask him to make divulgation. Will also be voting on the budget for next year, according to the law, to the branch 38 (science and technology) it corresponds up 1% but only half has been applied and that is less than what we spend on state pensions. Do you know that our total inventory of human resources in science and technology is nearly 9 thousand people, plus almost 13 thousand SNI researchers and that only 8 people out of 10 thousand who are economically active in the country has something to do with science?

For me it's too much for inspiration, and as with the fine cheese, we all need to start perspiring and, even though it smells bad, it might give us all a good mouth taste.

November 1, 2007

¡Es par, si miento!

"A pares a y nones vamos a jugar…" recuerdo como en preescolar la maestra Blanca nos enseñaba a jugar, algunas veces uno que otro, pasábamos al frente a organizar un nuevo juego y a escoger a nuestros compañeros de equipo, a algunos les daba pena a otros no tanto. Por la tarde veía a mi abuelito hacer sus inventos, mientras yo trepaba el árbol de limones para la comida; me tardaba mucho porque me entretenía tratando de encontrar la mejor técnica para cortarlos.

Hoy años después me gusta tener un chiste nuevo, algún juego o una anécdota para compartir en las reuniones, hiper-charlas, conferencias, talleres y cafecitos pro-científicos; como si fuera manda hacer que el cuerpo, por si solo, genere beta endorfinas, citosina y estimule el sistema cardiovascular con solo escuchar un comentario.

Pasar al frente es aterrador, por eso muchos prefieren convertirse en actores de carácter para personajes serios y formales que convertirse en actores cómicos para hacer reír a la gente; y aún así los cómicos son considerados como actores de segunda siendo que su trabajo es más difícil.

En el mundo de la ciencia (cómo si fuera uno distinto) sucede igual, los científicos divulgadores que tienen el trabajo de hacer que las investigaciones sean comprensibles, son considerados con frecuencia como científicos de segunda, como si tuviera sabor de envidia el corazón. El mismo Jerry Lewis lo menciona en el "profesor chiflado" original de 1963 y base de la de Eddie Murphy. "Es tan difícil enseñar como hacer reír".

Dicen que "el que se ríe solo, de sus travesuras se acuerda", cuando las hacía de niño mi papá me castigaba mandándome a leer el diccionario. Muchas de esas veces me rebelé al castigo e incluso invoqué a los derechos humanos promulgados por la ONU el 10 de diciembre de 1948. Tres de sus artículos pares son base tanto de la educación como del derecho al juego. El 22 se refiere al desarrollo libre de la personalidad y la satisfacción social y cultural según los recursos del Estado; el 26 a la educación generalizada, gratuita, obligatoria y profesional en función de los méritos individuales. Pero más importante para mi el 24, el derecho al juego, el descanso y esparcimiento.

Cuantos inventos y descubrimientos no han tenido su origen en el ocio, cuantos más en la flojera por hacer algo, o hacer que ese algo sea más fácil, práctico o metódico. Cómo cortar limones, hacer la tarea, ir al trabajo o enseñar un nuevo tema con diapositivas.

Esta visión no es propia, es tan generalizada que hace casi 21 años, varios amigos fundaron en 1987, el Movimiento Internacional para el Recreo Científico y Técnico (Milset para los cuates) que a la fecha debe de agrupar mas de 50 países en todos los continentes, organizando expociencias, campamentos, concursos y demás actividades para el desarrollo intelectual, científico y académico de la juventud en el mundo. Su presidente internacional vive con un pié en Puebla. Y si esto fuera poco pregúntese cuantos museos, ludotecas, exposiciones y bibliotecas interactivas hay en su ciudad.

El juego como tal es una manifestación de la creatividad que estimula el descubrimiento, la observación, la interpretación del mundo, la comunicación, ejercita las habilidades físicas e intelectuales y facilita el aprendizaje y la sociabilidad.

Cualquier objeto se convierte en juguete con la debida dedicación, cualquier dedicación se convierte en logro con el debido juguete.

Mayo 8 de 2008

IF I LIE, IS PAIR TIME (IF I LAY, IS SPARE TIME)!

"Odd and even numbers we are going to play…" I remember how teacher Blanca in preschool taught us to play. Sometimes one or another stepped in front of the class to organize a new game and choose our teammates; someones were shy, someothers were not. In the afternoon, I used to watch my grandpa making his inventions while I climbed the tree of lemons for lunch; I used to spend much time because I was entertained trying to find the best technique for cutting them.

Today, years after, I like to always have a new joke ready, or a game or a story to share in reunions, hyper-chats, conferences, seminars and pro-scientific coffees; as if it were duty to the body, by itself, to generate beta endorphins, cytosine and stimulate the cardiovascular system just hearing a comment.

To step in the front is scary, that is why so many prefer to become character actors and play serious and formal characters rather than becoming comedians to make people laugh; and yet, comedians are considered as second class actors, even though their work is more difficult. In the world of science (if it was a different one) it happens the same, scientists-divulgators that have to carry out the task of making research understandable, are often considered second class scientists, as if the heart has an taste of envy. Jerry Lewis himself mentioned in the "Nutty Professor" original 1963 and in which the Eddie Murphy's is based. "To teach is as hard as to make laugh".

They say that "he who laughs alone, his antics remembers" when as a child, I misbehaved, the punish of my dad fo me was to send me to read the dictionary. Many of those times I rebelled against the punishment and even invoked the human rights chart promulgated by the UN on December 10, 1948. Three of its pair sections are the base for both education and the right to play. The 22nd refers to the free development of personality and social and cultural satisfaction according to state resources; the 26th is on free, compulsory, professional and general education based on individual merits. But most important for me is the 24th, on the right to play, rest and spare time for recreation.

Many inventions and discoveries have had its origin in the leisure, how many more on the laziness of doing something or making that something to be easier, practical or methodical. as to cut lemons, do homework, go to work or teach a new topic with a nice slideshow

This view is not my own, is so widespread that nearly 21 years ago, several friends founded in 1987, the International Movement for Leisure in Science and Technical (MILSET for the guys) that to this date should bring together more than 50 countries on all continents, organizes Science Fairs, camps, competitions and other activities for intellectual, scientific and academic development of the world's youth. Its International chairman lives with one foot in Puebla, Mexico. And if this seems not enough, ask yourself how many museums, playgrounds, interactive exhibitions and libraries are there in your city?

The game itself is a manifestation of creativity that encourages discovery, observation, interpretation of the world; communication, exercises the physical and intellectual skills and enables the learning ability and sociability.

Any object becomes a toy with due devotion, any devotion becomes an achievement with the appropriate toy.

May 8, 2008

www.ingramcontent.com/pod-product-compliance
Lightning Source LLC
Chambersburg PA
CBHW020308290526
45784CB00003B/1423